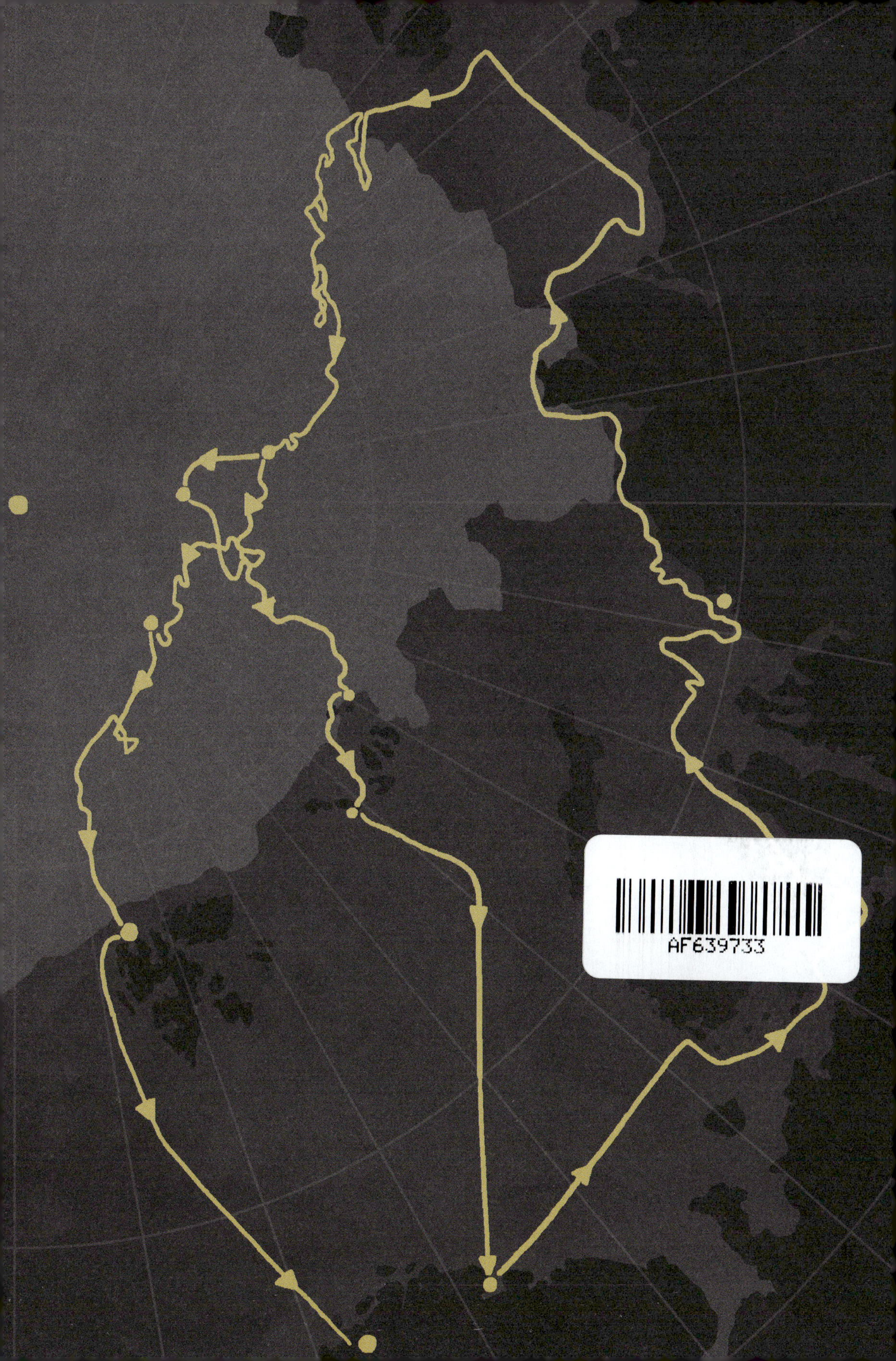

DIE EROBERUNG DER POLE

NANSEN, AMUNDSEN UND DIE FRAM

Texte von Jesús Marchamalo und Illustrationen von Agustín Comotto

DIE EROBERUNG DER POLE

NANSEN, AMUNDSEN UND DIE FRAM

bahoe books

AC/E
ACCIÓN CULTURAL
ESPAÑOLA
Die Übersetzung wurde durch das
Spanische Kulturministerium gefördert.

DIE EROBERUNG DER POLE
Nansen, Amundsen und die Fram

Titel der Originalausgabe: *La Conquista de los Polos*
Erschienen bei Nórdica Libros, Madrid 2018

Aus dem Spanischen von Manfred Gmeiner
Korrektorat: Maria Rossi

ISBN: 978-3-903290-51-8

bahoe books
Fischerstiege 4-8/2/3
A-1010 Wien

bahoebooks.net

INHALT

Ich breche die Brücken hinter mir ab. Man verliert dann keine Zeit mit Rückblicken, wo es schon genug Mühe macht, die Augen nach vorn zu richten. Es gibt also keine andere Wahl, als vorwärts zu gehen.

Fridtjof Nansen

NANSEN
UND DER NORDPOL

DIE EROBERUNG DES NORDPOLS

Am Beginn des 19. Jahrhunderts war der Nordpol immer noch ein unerforschter, unerreichbarer und unbewohnter Ort voller Gefahren.

Im arktischen Winter liefen die Schiffe Gefahr im Eis stecken zu bleiben und häufig durch dessen Kraft zerdrückt zu werden.

Skorbut setzte den Besatzungen zu, die sich über lange Zeiträume von Konserven ernähren mussten. Arme und Beine schwollen an, die Sehnen zogen sich zusammen, das Zahnfleisch fing an zu bluten und schließlich überkam sie eine außerordentliche Schwäche, Orientierungslosigkeit und der Tod.

Die extreme Kälte, im Winter bis zu minus 60 Grad, führte zu Unterkühlung und Dehydrierung. Der Schweiß, die Haare und der Bart froren ein und die vom Eis steife Kleidung verursachte durch Reibung Schürfwunden am ganzen Körper.

Die UV-Strahlung verletzte die Augen, der Schnee, rau wie Sand, führte Verletzungen der Haut herbei, riss die Lippen auf und oft kam es vor, dass man Finger und Zehen aufgrund von Erfrierungen amputieren musste.

Die Polarnacht, in der die Sonne monatelang nicht zu sehen war, führte zu Niedergeschlagenheit und Depression.

So wurde das Fortkommen am Eis über Spalten, Spitzen und steile Kämme – häufig mit Booten und Schlitten im Schlepptau – zu einer monumentalen Herausforderung, mühsam und oft nutzlos: Die wenigen Kilometer, die man Richtung Norden gewann, wurden durch die Bewegung des Eises, das vom Wind und der Strömung nach Süden getrieben wurde, wieder zunichte gemacht.

Aber im 19. Jahrhundert kam es zu vielen Veränderungen: Die hygienischen Bedingungen auf den Schiffen verbesserten sich und Skorbut wurde – oft mit Erfolg – mit dem Saft von Zitrusfrüchten bekämpft, der dem Körper Vitamin C lieferte.

Es wurden neue Schiffe entworfen, kleiner, robuster und mit weniger Tiefgang. Auch die Navigation verzeichnete große Fortschritte: Sextanten, Chronometer und nautische Jahrbücher erlaubten es, sich an diesem ungastlichen, weiß-bläulich schimmernden Ort zu orientieren.

Und zu guter Letzt förderten die geographischen Gesellschaften die Lust auf Entdeckungen, besonders auf Polarexpeditionen, um den Nordpol und die Nordwestpassage zu kartografieren.

1818 schrieb das britische Parlament eine Belohnung für die Entdeckung einer Durchfahrt zwischen dem Atlantik und dem Pazifik aus. Noch im selben Jahr brachen die zwei Walfangschiffe *Isabelle* und *Alexandre* unter dem Kommando des Expeditionsleiters John Ross von London aus auf. Sie kamen bis zur Meerenge von Nares und brachen die Reise dort ab, da Ross eine Kette von Eisbergen mit einem Gebirge verwechselte, das ihm den Weg zu versperren schien.

Im darauffolgenden Jahr befehligte William Parry, der an der Fahrt von Ross teilgenommen hatte, eine Expedition an Bord der *Hecla* und der *Griper*. Sie fuhren Richtung Norden und schafften die erste erfolgreiche Überwinterung in der Arktis, nachdem ihre Schiffe im Eis manövrierunfähig wurden.

Parry und seine Männer entwickelten Überlebenstechniken für das Packeis, kümmerten sich um meteorologische und wissenschaftliche Beobachtungen sowie die Aufführung mehrerer Theaterstücke und die Herausgabe einer Wochenzeitschrift, um die Besatzung während der langen Polarnacht zu beschäftigen.

Sie hatten bereits mehr als die Hälfte der Strecke zwischen Grönland und der Beringstraße zurückgelegt, bevor sie nach England zurückkehrten.

Ermutigt durch Parry und seine Entdeckungen – er leitete zwei weitere Forschungsreisen in den Jahren 1821 und 1824 – beschloss die Admiralität, eine große Expedition unter der Leitung des Konteradmirals John Franklin in den Norden zu schicken. Der erfahrene Seefahrer und angesehene Forscher übernahm das Kommando der beiden Eisbrecher *Erebus* und *Terror*, die mit der fortschrittlichsten Technik jener Zeit ausgestattet waren.

Die Schiffe samt ihrer Besatzung von insgesamt 124 Männern (Offiziere und Matrosen) kehrten jedoch nie mehr zurück.

DER MAGNETISCHE NORDPOL

Der magnetische Nordpol deckt sich nicht mit dem geographischen. Er bewegt sich sogar mit einer Geschwindigkeit von etwa 40 Kilometer pro Jahr. Der Kompass dreht sich in dieser Zone unkontrolliert und kann sogar Richtung Süden zeigen, was die Schiffe dazu zwang, sich mittels astronomischer Navigation zu orientieren.

DIE *TERROR* UND DIE *EREBUS*: DIE FRANKLIN-EXPEDITION

Am 19. Mai 1845 lichteten die *Erebus* und die *Terror* in der Mündung der Themse ihre Anker, um die Nordwestpassage zu suchen.

Es waren zwei speziell für die Polarforschung ausgestattete Schiffe mit kräftigen Dampfmaschinen, beheizten Kajüten, einer Wasseraufbereitungsanlage und Lebensmittelvorräten für mehr als drei Jahre.

Im Jahr 1846 wurden beide Schiffe nahe der King William-Insel im Eis eingeschlossen und verschwanden danach spurlos.

1848 beschloss die Admiralität auf Druck der öffentlichen Meinung, eine Reihe von Rettungsmissionen in die Arktis zu schicken. Eine davon kam mit den Zeugenaussagen einer Gruppe Inuit zurück, die dreißig oder vierzig weiße Männer gesehen hatten, die bei der King William-Insel halbtod ein Boot über das Eis zogen: Sie erzählten, dass ihre Münder steif gefroren, trocken und schwarz und sie zu Kannibalen geworden waren. Einer von ihnen, fügten sie als anstößiges Detail hinzu, hatte einen menschlichen Oberschenkelknochen im Stiefelschaft stecken.

Franklins Ehefrau Lady Jane, die ebenfalls Reisende und Entdeckerin war, wollte das nicht glauben und startete eine Kampagne, um selbst eine Suchexpedition auf den Weg zu bringen, die von Charles Dickens enthusiastisch unterstützt wurde.

Später fand man auf der Insel eine Flasche in einem Steinhaufen mit Aufzeichnungen über das dramatischen Schicksals der Expedition: Franklin war im Juni 1847 verstorben und seine Mannschaft beschloss daraufhin, die Schiffe zu verlassen und sich Richtung Süden auf den Weg zu machen. Sie zogen einige Rettungsboote hinter sich her, die sie mit schweren Holzkufen versehen hatten, um sie über das Eis zu bewegen.

Im äußersten Westen der Insel wurde eines dieser Boote umgekippt gefunden. Darin befanden sich zwei Leichen und zig Schachteln mit Ausrüstung, die die Seeleute zurückgelassen hatten: Stiefel, Seidentücher, Seife, Bücher, Schwämme und weiteres Material.

Es wurden auch einige Körperteile gefunden, die tatsächlich Anzeichen von Kannibalismus aufwiesen: Knochen, aus denen man das Mark herausgelöst hatte oder mit Spuren von Messerschnitten.

In den Körpern von drei Matrosen, die auf der Beechey-Insel begraben waren und im Permafrostboden (der immer gefrorenen Erdschicht unter der Oberfläche) konserviert waren, entdeckte man eine hohe Konzentration von Blei: Die Konservendosen, in denen die Lebensmittel haltbar gemacht wurden, schienen zu einer massiven Vergiftung geführt zu haben: Blutarmut, Orientierungslosigkeit, Reizbarkeit und psychotisches Verhalten waren die Folgen.

DIE SCHIFFE WERDEN GEFUNDEN

2016 lokalisierten Experten der Arctic Research Foundation (eine gemeinnützige kanadische Forschungsorganisation) die Reste der *Terror*. Sie liegen in 24 Meter Tiefe und sind in relativ gutem Zustand. Zwei Jahre zuvor fand man das Wrack der *Erebus*. Keines der beiden Schiffe lag dort, wo man es vermutet hatte, und man zog in Betracht, dass einige Männer zu ihnen zurückgekehrt sein könnten, im Versuch sich zu retten.

DIE ERFORSCHER DER ARKTIS

Das Verschwinden der *Terror* und der *Erebus* bremste die Polarforschung keineswegs, sondern war vielmehr ein Anstoß: Während der folgenden Dekade bereisten mehr als hundert Schiffe die ausgedehnten Weiten der Arktis und versuchten Franklin und seine Männer zu finden.

Edward Augustus Inglefield (1820 – 1894)

1852 war Edward Inglefield, einer der Kapitäne einer Rettungsexpedition. Er war der Erste, der in den Smithsund vordrang, eine schiffbare Durchfahrt Richtung Norden.

George Nares (1831 – 1915)

1875 durchquerte Kapitän George Nares, dem die *Discovery* und die *Alert* unterstanden, mit Schlitten die Nordküste Grönlands und der Ellesmere Insel. Der Limettensaft, mit dem sie hofften, Skorbut zu bekämpfen, erwies sich als nutzlos, da er einen großen Teil seiner Qualität durch das Erhitzen verlor. Sie litten schwer an Mangelerscheinungen und sahen sich gezwungen aufzugeben.

George Washington DeLong (1844 – 1881)

1879 erreichte George W. DeLong als Kapitän der *Jeannette* den Polarkreis. Das Schiff wurde, nachdem es einundzwanzig Monate im Packeis eingeschlossen war, vom Eis zerdrückt. Die Besatzung versuchte in drei Booten zu überleben, aber ein Sturm trennte sie, und nach langem Leiden starben DeLong und weitere zwölf Männer schließlich an Hunger, Kälte und Erschöpfung.

Charles Francis Hall (1821 – 1841)

1871 erforschte die *Polaris* unter dem Kommando von Francis Hall (der zuvor einige Zeit mit Inuit zusammengelebt hatte) den Smithsund. Nach seinem Tod, vermutlich durch Vergiftung, erlitt die *Polaris* Schiffbruch. Ein Teil der Besatzung überlebte mehr als sechs Monate auf einer Eisscholle und wurde von einem Walfangschiff gerettet.

Adolphus Greely (1844–1935)

1882 errichtete Adolphus Greely ein Lager auf der Ellesmere Insel. Nachdem die Versorgung ausblieb, versuchte er, seine Männer auf dem Landweg zu retten. Es überlebten nur sechs der fünfundzwanzig Expeditionsteilnehmer, die erschöpft in einem Zelt gefunden wurden. Sie hatten die Überreste einiger ihrer Kameraden aufgegessen.

Adolf Erik Nordenskiöld (1858–1901)

1883 versuchte Adolf Erik Nordenskiöld erfolglos Grönland zu durchqueren. Drei Jahre später startete Robert Edwin Peary einen neuen Versuch und scheiterte ebenfalls. 1888 nahm Fridtjof Nansen seine Grönlandreise in Angriff und kehrte als König des Pols zurück.

DIE FORSCHUNGSREISEN IN DIE ARKTIS.
GEORGE WASHINGTON DELONG (JEANNETTE) 1879
ALASKA (USA)
RUSSLAND
Bering-straße
KANADA
Schiffbruch der Jeannette
Tod von DeLong
Grönlandsee
Prince of Wales Insel
Cornwall Insel
Tod Franklins
Devon Insel
Ellesmere Insel
NORDPOL
Nordwest-passage
Baffininsel
Tod von Francis Hall
Franz-Joseph-Land
GRÖNLAND
ADOLF NORDENSKIÖLD 1883
ADOLF NORDENSKIÖLD (VEGA) Expedition zur Nordwestpassage 1878
Spitzbergen
Baffin-Bucht
EDWARD INGLE-FIELD (ISABEL) 1852
FRANCIS HALL (POLARIS) 1871
ISLAND
NORWEGEN
ADOLPHUS GREELY (PROTEUS) 1882
GEORGE NARES (CHALLENGER, 1872, DISCOVERY UND ALERT 1875)
SCHWEDEN
WILLIAM FRANKLIN (TERROR UND EREBUS) 1845
ENGLAND

DER KÖNIG DES NORDPOLS: NANSEN

Fridtjof Nansen hatte kurzes blondes Haar, blaue Augen, einen durchdringenden Blick und einen Wikingerbart. Er war muskulös, athletisch, groß, hatte anmutige Gesichtszüge und zog durch seine Art sich zu kleiden die Aufmerksamkeit auf sich. Sein Gewand war nur aus natürlicher Wolle gefertigt mit einem Schnitt, der schließlich populär werden sollte: Die Hose war skandalös eng und das Revers der Jacke war über die Brust geschlagen und auf einer Seite zugeknöpft.

Nansen hatte Zoologie auf der Universität in Kristiania (das heutige Oslo) studiert und arbeitete in Bergen als Kurator in einem Museum. Er war ein talentierter Zeichner, großer Langläufer und Sportler – er brach achtzehn Mal den Rekord im Eisschnelllauf über eine Distanz von einer Meile –, besuchte regelmäßig eine Sporthalle, was damals ungewöhnlich war, da es noch kaum welche gab, und machte lange Wanderungen und Skitouren.

1882 heuerte Nansen auf dem Robbenfänger *Viking* an, auf der er sechs Monate verblieb und wissenschaftliche Beobachtungen durchführte. Er unterstützte auch die Matrosen bei den härtesten Aufgaben auf dem Schiff. Auf einem der Jagdausflüge tötete er seinen ersten Eisbären, dessen Fell er in seinem Büro neben dem Kamin als Teppich verwendete.

Nach seiner Zeit auf der *Viking* arbeitete Nansen wieder im Museum in Bergen. Als er vom Scheitern der Expedition von Adolf Erik Nordenskiöd hörte, dachte er zum ersten Mal darüber nach, Grönland zu durchqueren.

AUF LANGLAUFSKI DURCH GRÖNLAND

Einige Monate später veröffentlichte eine Zeitung in Bergen eine Meldung und sparte darin nicht mit heftiger Ironie: «Im Juni dieses Jahres wird Herr Kurator Nansen eine Vorstellung im Schneeschuhlaufen mit ‹Weitsprung› auf dem grönländischen Inlandseise geben. – Feste Sitzplätze in den Eisspalten. Rückfahrkarten sind überflüssig.»

Trotzdem erhielt Nansen etwas mehr als vierzig Anfragen, an der Expedition teilzunehmen. Er versuchte die besten Skilangläufer aus der Telemark zu rekrutieren, was ihm allerdings nicht gelang. Letztlich entschied er sich für eine kleine Mannschaft mit den beiden erfahrenen Skiläufern Otto Sverdrup und Olaf Dietrichson, den beiden Hirten Ravna und Balto vom indigenen Volk der Samen und Kristian Kristiansen. Letzterer war mit gerade einmal 21 Jahren jüngstes Mitglied der Expedition.

Im Juni 1888 schiffte sich die Mannschaft auf dem Robbenfänger *Jason* ein, der sie an der Küste Grönlands absetzen sollte.

Ende des 19. Jahrhunderts wusste man noch nicht, welche Teile von Grönland mit Eis bedeckt waren. Es wurde vermutet, dass es im Inneren der Insel eine bewohnbare Zone gibt.

Alle bisherigen Expeditionen waren von den besiedelten Gebieten im Westen Richtung Osten aufgebrochen. Nansen plante, es genau umgekehrt zu machen: Er wollte von der unbesiedelten Ostküste aufbrechen und über den Eisschild nach Westen vordringen, auf einer Strecke von mehr als 500 Kilometern bei Temperaturen unter minus 40 Grad. Ein zentraler Aspekt dieser zweifellos riskanten Entscheidung war, dass es nicht möglich war umzukehren: Nur wenn sie es von einem Ende zum anderen schaffen, würden sie überleben.

Grönland ist eine gigantische Insel, die von einem riesigen Eisschild bedeckt ist, der an manchen Stellen über drei Kilometer dick ist. Man muss bei der Durchquerung über Gletscher auf eine Hochebene aufsteigen, diese von

einem Ende zum anderen durchschreiten, und dann wieder bis auf das Meeresniveau absteigen. Und das alles mit schweren Schlitten, deren mit Eisen beschlagene Kufen am Boden festfroren, sobald ein Halt eingelegt wurde.

Die Expedition wurde mit den neuesten technischen Erfindungen ausgerüstet. Die Ski, die zum Einsatz kamen, waren mit Stahlkanten und speziellen Bindungen ausgestattet, die es ermöglichten, sich bequemer und schneller fortzubewegen.

Nansen entwickelte auch ein Schlittenmodell, bei dem die Schrauben und Metallbeschläge durch Riemen ersetzt wurden. Gemeinsam mit breiteren Kufen sollte dadurch im steilen Gelände mehr Flexibilität erreicht werden.

Er verwendete die Stoffbahnen der Zelte als Segel und nutzte so die Kraft des Windes, um die Schlitten voranzutreiben. Und schließlich den «Nansen-Kocher», der anliegende Hohlräume hatte, in denen bei der Zubereitung des Essens gleichzeitig Schnee geschmolzen werden konnte, um die Wärme besser zu nutzen.

Außerdem entwickelte Nansen ein Gefäß, das er unter der Kleidung an der Haut trug, um zu verhindern, dass das Wasser einfror. Auf diese Weise konnten sie trinken, während sie auf der eisigen Ebene vorwärtskamen.

Eine der größten Gefahren der Polarexpeditionen war die Dehydrierung. Wasser wurde durch das Schmelzen von Eis oder Schnee gewonnen, wozu man nicht nur eine enorme Menge Brennmaterial, sondern auch viel Zeit be-

nötigte. Und diese stand nicht immer zur Verfügung. Das Eis direkt zu essen verursachte Verbrennungen und zerschnittene Lippen.

Für die Samen wurde die Schneeblindheit zu einem Problem. Sie waren das Leben im Freien gewohnt und verwendeten anfangs daher keine verdunkelten Brillen. Da aber die Ozonschicht in der Polarregion wesentlich dünner und somit die UV-Strahlung stärker ist, kam es zu einer Schädigung der Hornhaut ihrer Augen.

Die Expedition ging am 10. August 1888 an der Ostküste Grönlands an Land. Nachdem die Mannschaft den Aufstieg auf den Gletscher geschafft und die endlose Hochebene durchquert hatte, erreichte sie am 3. Oktober wohlbehalten die Westküste.

HEUTE ESSEN WIR PEMMIKAN

Eines der Hauptnahrungsmittel auf den Polarexpeditionen war Pemmikan, eine Paste oder Tafel, die aus zerstoßenem Dörrfleisch, Fett, Gemüse oder Beeren hergestellt wurde. Pemmikan liefert Nährstoffe und lässt sich jahrelang lagern.

Durch Zufall trafen sie dort einen Dänen, der Nansen, als er sich vorgestellt hatte, beglückwünschte: «Oh, erlauben Sie mir Ihnen zum Doktortitel zu gratulieren.»

Tatsächlich: Während seiner Grönlanddurchquerung, einer der größten Heldentaten der Geschichte der Polarforschung, wurde ihm von seiner Universität der Doktortitel verliehen.

HUNDE UND SKI

Nach seinem Grönland-Abenteuer lebte Nansen einen Winter bei den Inuit, von denen er die effizienteste und schnellste Methode erlernte, in gleichmäßiger Geschwindigkeit auf dem Eis voranzukommen: von Hunden gezogene Schlitten und an deren Seite die Menschen auf Skiern.

EIN NATIONALHELD

Die Rückkehr nach Kristiania war ein Triumph: Die Besatzungen aller Schiffe im Fjord traten zum Empfang an Deck an und der größte Teil der Gebäude der Stadt war zur Ehre der Forscher mit Fahnen und Wimpeln geschmückt. Zwei von drei Bewohnern gingen auf die Straße, um sie zu begrüßen, und man fertigte Nansen-Kappen, Nansen-Federn und Nansen-Kuchen an.

Die Eroberung Grönlands rief ein großes Echo in der internationalen Presse hervor und ein Gefühl von patriotischem Stolz breitete sich bis in den hintersten Winkel des Landes aus.

Die Zeitungen hoben nicht nur den Erfolg des Unterfangens hervor, sondern die scheinbare Leichtigkeit, mit der es verwirklicht wurde. So schrieb die einflussreiche *Times*: «Im Unterschied zu anderen Expeditionen, hinterließ die von Doktor Nansen nur angenehme Erinnerungen.» Und tatsächlich hatte die Expedition ihr Ziel mit Bravour erreicht, ohne Verluste, Mühen und ohne Gefahren die Stirn bieten zu müssen, die über die unvermeidlichen hinausgingen, und konnte jene Epik an Leid, Elend und tragischer Agonie vermeiden, die bis dahin einen guten Teil der Erzählungen über die Arktis ausgemacht hatte.

Nansen und seine Männer hatten eine Expedition geplant und sie mit Voraussicht, Enthusiasmus und einer extremen Effizienz durchgeführt. Der junge Nansen reiste unermüdlich zu Vorträgen – in der königlichen geographischen Gesellschaft in London wurde er von einem begeisterten Publikum beklatscht –, er schrieb Artikel, gab Interviews ... Damals war er gerade 27 Jahre alt.

Vor seinem Abenteuer in Grönland hatte er sich mit der berühmten Mezzosopranistin Eva Sars angefreundet. Nansen erinnerte sich an die erste Begegnung: Beim Skifahren überholte ihn eine Person, die trotz ihres beneidenswerten Stils in einen Schneehaufen stürzte und halb verschüttet wurde. Er kam ihr zu Hilfe und einige Jahre später heirateten die beiden.

Mit Eva sollte er zahlreiche Touren in den Bergen rund um Oslo machen und zu Ostern 1894 überquerten sie gemeinsam die Hochebene von Hardangervidda. Eva trug ein gewagtes Bergkleid, das Fridtjof entworfen hatte und das für die prüde und konservative Gesellschaft der Epoche einen Skandal darstellte, weil es die Beine nur bis kurz unter die Knie bedeckte.

Am Tag ihrer Hochzeit versprach ihr Fridtjof vor allen Gästen ewige Liebe, nicht ohne danach hinzuzufügen: «Aber ich muss noch einmal kurz zum Nordpol gehen.»

JEANNETTE POLARSKIPET

DIE ÜBERRESTE DER *JEANNETTE*

1884 tauchten die Reste der *Jeannette* auf einer Eisscholle nahe dem Strand von Julianehåb an der Südwestküste Grönlands auf. Es waren kaum ein Dutzend Objekte: Dokumente mit dem Briefkopf der Expedition, Bruchstücke vom Schiffsholz und ein paar Hosen, auf denen der Name des Schiffes stand.

Im September 1879 war die *Jeannette* im Packeis nahe der Wrangelinsel steckengeblieben und wurde 21 Monate lang Richtung Nordwesten getrieben, bis sie im Juni 1881 vom Eis zerdrückt in der Laptewsee nördlich von Sibirien sank.

Die Reste, die in Grönland auftauchten, hatten somit fast 5.000 Kilometer zurückgelegt.

Henrik Mohn, Physiker, Astronom und einer der Väter der modernen Meteorologie, schuf die Theorie einer transpolaren Driftströmung des Meeres, die unter dem gefrorenen Ozean das Packeis von Osten nach Westen treibt, von Sibirien auf die amerikanische Seite.

Nansen zog daraus folgenden Schluss: Wenn anstatt der Reste der *Jeannette* auf der Eisscholle ein intaktes Schiff gewesen wäre, hätte es die Strömung auch so weit getrieben. Er schlug daher vor, in die Region zu fahren, wo die *Jeannette* gesunken war, das Schiff dort vom Eis einschließen und mit dem Packeis zum Nordpol treiben zu lassen.

Aber das zentrale Problem bei diesem Vorhaben war, dass sogar die speziell verstärkten Schiffe letztlich immer durch die Kraft des Eises zerdrückt wurden. Daher begann Nansen mit den Planungen für einen völlig neuen Schiffstyp.

So wurde die *Fram* geboren.

DU WIRST FRAM HEISSEN

Aufgrund der Erfahrungen aus vorangegangenen Expeditionen erkannte Nansen die Notwendigkeit von einem Schiff, das im Packeis nicht beschädigt wird und «wie ein Aal aus der Umarmung des Eises gleiten» kann.

Er wandte sich an Colin Archer, einen bekannten Schiffskonstrukteur aus Larvik, der ihm Skizze um Skizze präsentierte, bis sie sich schließlich einigten: Die Lösung bestand darin, einen gerundeten Rumpf zu konstruieren, halbkugelig wie eine Kokosnuss, ohne Kanten und Vorsprünge an denen das Eis anhaften könnte. Im Vordergrund stand die Eignung für das Packeis, weniger die seefahrerischen Eigenschaften oder die Geschwindigkeit.

Das Boot war pummelig, kurz, untersetzt, wenig seetauglich – «so gut zu steuern wie ein Kornspeicher», schrieb eine Tageszeitung. Bug und Heck waren verstärkt. Es war 39 Meter lang und 11 Meter breit.

Für den Bau wurden die besten Hölzer gewählt: Zwei Balken aus amerikanischer Ulme für den Kiel, an denen die aus italienischer Eiche gefertigten Spanten montiert wurden, die dreißig Jahre in den Lagern der Marine gealtert waren, was ihnen eine außerordentliche Härte und Flexibilität verlieh.

Um eine höhere Widerstandsfähigkeit zu erreichen, wurden die Spanten nicht mechanisch gebogen, sondern man suchte jene Holzstücke, deren Form der benötigten Krümmung am nächsten kam.

Es wurden drei komplette Hüllen gebaut. Die innerste aus 7,5 Zentimeter starkem imprägniertem Eichenholz; eine mittlere ebenfalls aus Eichenholz, 10 Zentimeter stark und abgedichtet. Die äußerste Hülle war aus Grünherzholz, ein außergewöhnlich glattes Holz, das so hart ist, dass man spezielles Werkzeug benötigt, um es zu bearbeiten.

Der Hohlraum zwischen den einzelnen Hüllen wurde mit Fichtenspänen, Sägemehl und heißem Teer gefüllt, ein Gemisch, das beim Abkühlen fest wurde und eine versiegelnde Paste bildete.

Das war noch nicht alles: Das erste Mal sollte ein Schiff in der Arktis über elektrische Beleuchtung verfügen. Während der Fahrt diente ein Dynamo, bei Stillstand ein Windrad zur Stromerzeugung. So sah das Schiff in der Nacht

im Packeis bei voller Beleuchtung auf der Takelage wie eine Jahrmarkt-Attraktion aus.

Der erhöhte Schiffsaufbau verhinderte das Eindringen von Schnee ins Innere. Schächte am Heck erlaubten es, das Ruder und die Schiffsschraube zu versenken, um sie vor dem Eis zu schützen und sie sogar bis auf das Deck zu heben, um Reparaturen durchzuführen.

Die Aufenthaltsräume – Kajüten und Speisesaal – wurden gegen die Kälte mit gemahlenem Kork, Rentierhaar und Linoleumplatten, die gerade erfunden worden waren und die Bildung von Kondenswasser verhinderten, isoliert.

Das Schiff verfügte über eine Tischlerwerkstatt und eine weitere für Metallarbeiten. Unter Deck gab es Kammern und Lagerräume und eine ansehnliche Bibliothek mit mehr als sechshundert Büchern. Außerdem stand im Salon ein automatisches Klavier, um in den arktischen Nächten für etwas Unterhaltung zu sorgen.

Die Takelage bestand aus drei Masten, die vom Deck aus leicht zu bedienen waren. Im Inneren gab es eine Küche, einen Speisesaal und einen Aufenthaltsraum, umgeben von vier Einbett-Kajüten und zwei Kajüten im Heck mit je vier Kojen.

Am 26. Oktober 1892 wurde das Schiff vom Stapel gelassen. Tausende Personen, die sich in der Bucht versammelt hatten, brachen in Hochrufe und Applaus aus, als Eva Nansen eine Champagnerflasche am Rumpf zerschlug und dabei rief: «*Fram* sollst du heißen».

Ein Wimpel mit diesem Namen wurde an der Spitze eines der Masten gehisst und begann im Wind zu wehen: Die Taue wurden gelöst und das Schiff glitt sanft über die Rampe ins Wasser.

FÜNFZIG ARTEN VON KONSERVENDOSEN

Auf der *Fram* wurden 16 Tonnen Petroleum für die Küche und die Heizung geladen, sowie ausreichend Kohle, um die Antriebsmaschinen mehr als vier Monate bei voller Last zu betreiben. Es gab Vorräte für die Mannschaft und die Hunde für fünf Jahre: mehr als fünfzig Sorten Fleisch und Gemüse in luftdicht verschlossenen Dosen, sowie Fisch, getrocknet und in der Konserve,

EIN NAME, DER GESCHICHTE SCHRIEB

Bis zum letzten Moment kannte man den Namen nicht, den Nansen für das Schiff bestimmt hatte. Einige meinten, es werde Norwegen heißen, andere wetteten auf Nordpol, wieder andere auf Eva, den Namen seiner Frau, die außerdem die Taufpatin war. Fram ist ein altnorwegisches Wort und bedeutet «vorwärts».

gedörrte und gekochte Früchte, Kompott und Marmeladen, Kondensmilch, Butter und Kekse, alles sorgfältig verpackt, um die Haltbarkeit zu garantieren.

Sogar das Brot und das Gemüse wurden in versiegelten Zinkdosen verwahrt, um sie vor Feuchtigkeit zu schützen.

Die Expedition hatte Tabak im Überfluss geladen, Getränke – Kaffee, Tee, Bier – und eine große Menge von Cadbury Schokolade, dieselbe Marke, die sie auch nach Grönland mitgenommen hatten. Die Firma hatte als Werbeaktion soviel Schokolade zur Verfügung gestellt, wie sie Laden konnten.

Sie hatten auch Gewehre und Munition dabei, um sich über die Jagd mit frischem Fleisch zu versorgen, Ski und Schlitten, warme Kleidung und speziell für das Eis gemachte Schuhe.

Auch die wissenschaftliche Mission der Expedition war nicht schlecht ausgestattet. Man nahm die präzisesten und modernsten Instrumente jener Zeit mit.

So hatten sie Thermometer, Barometer, Psychrometer und Hygrometer für die meteorologischen Beobachtungen; Theodoliten, Sextanten und nautische Chronometer sowie Taschenstoppuhren für die astronomischen Aufzeichnungen; ein Spektrometer für die Erforschung der Nordlichter; sieben Fotoapparate und einen Fotogrammetrie-Apparat für kartographische Arbeiten.
Für die hydrographischen Forschungen war die Expedition mit Tiefenthermometer, zahlreichen Flaschen für Wasserproben und einem Aräometer ausgestattet, um den Salzgehalt des Wassers zu bestimmen.

EIN SCHIFF, BELADEN BIS OBENHIN

Als die *Fram* Norwegen verließ, war sie – nach einem letzten Halt, bei dem die restlichen Ausrüstungsgegenstände an Bord gebracht wurden – so beladen, dass der Freibord, der Abstand zwischen Deck und Wasser, kaum noch 20 Zentimeter betrug.

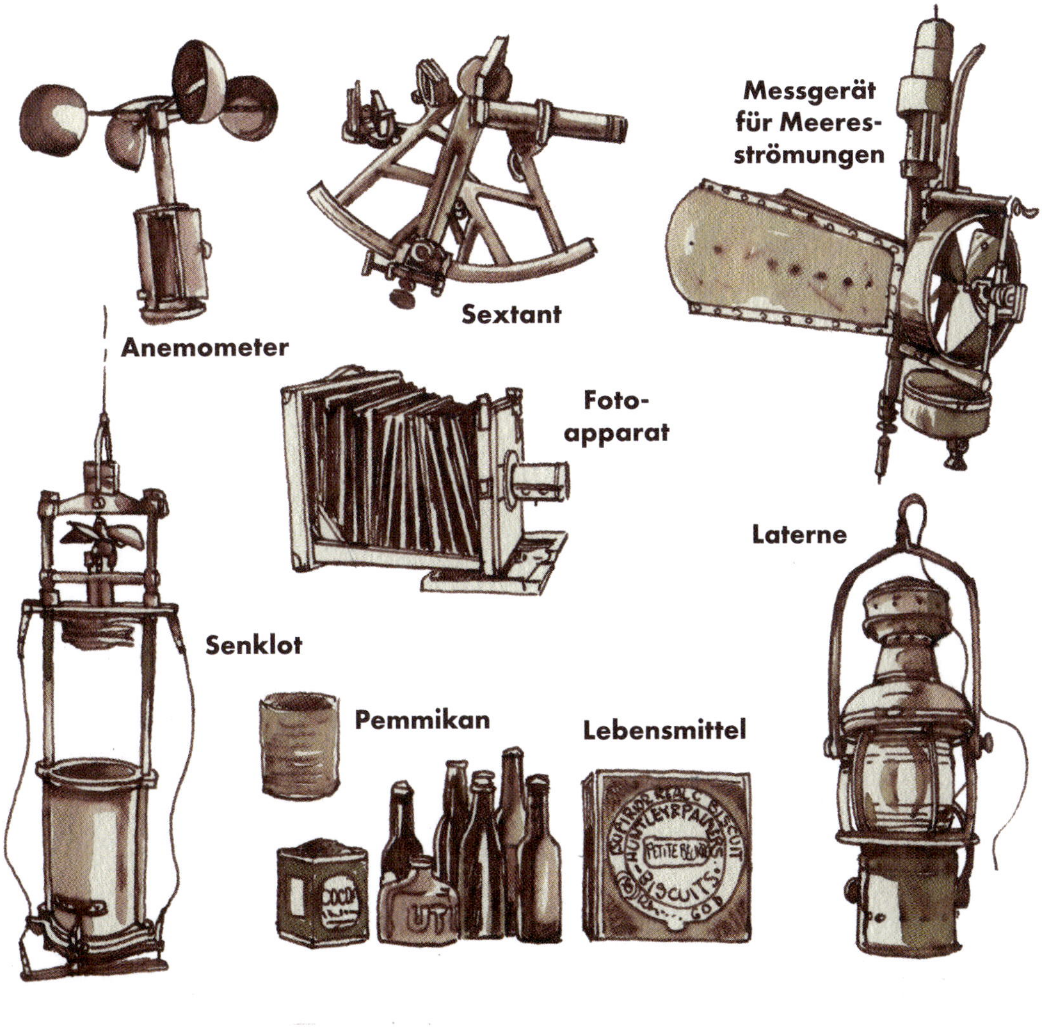

DIE BESATZUNG

Nansen sprach sich immer für kleine Expeditionen aus. Für die *Fram* wählte er zwölf Männer, lauter Norweger, denen er spezifische Funktionen auf dem Schiff zuwies, je nach ihrer Fähigkeit und Ausbildung.

Sigurd Scott-Hansen, Leutnant der norwegischen Marine, 25 Jahre, übernahm die meteorologischen und astronomischen Beobachtungen, sowie jene des Magnetismus.

Otto Neumann Sverdrup war der Kapitän der *Fram*. Er war 38 Jahre alt und hatte Nansen schon auf seiner Grönlandreise begleitet. Sobald er von der neuen Expedition erfuhr, bot er seine Teilnahme an.

Henrik Greve Blessing, Arzt und Botaniker, 27 Jahre. Weil die Besatzung sich bester Gesundheit erfreute, hatte er so wenig Arbeit auf der Expedition dass er sich damit beschäftigte, die Bücher der Bibliothek durchzuarbeiten.

Anton Amundsen, erster Maschinist, 40 Jahre. Er war verheiratet und hatte sieben Kinder. Vor der Expedition war er Hauptmaschinist der Marine.

Theodor Claudius Jacobsen, Steuermann der *Fram*, 38 Jahre, Seemann seit seinem 15. Lebensjahr, absolvierte mit 19 die Prüfung zum Steuermann. Als er auf die *Fram* kam, hatte er bereits vier Jahre Erfahrung in polarer Seefahrt.

Adolf Juell, 33 Jahre, war der Koch und verantwortlich für die Lebensmittel. Er war Steuermann und mehrere Jahre Kapitän.

Lars Pettersen, zweiter Maschinist, 33 Jahre. Er hatte jahrelang in der norwegischen Marine als Schmied und Mechaniker gedient.

Peder Leonard Hendriksen, Harpunenfischer, 34 Jahre. Er hat an vierzehn Expeditionen im arktischen Eismeer teilgenommen.

Frederick Hjalmar Johansen, Leutnant der Marine in Reserve, 26 Jahre. Absolvierte Studien an der Militärakademie. Da kein anderer Posten mehr frei war, nahm er den als Heizer und meteorologischer Gehilfe an.

Bernhard Nordahl, 31 Jahre, Ex-Sergeant der Marine, Ex-Polizist und Elektrotechniker, übernahm den Dynamo und die elektrische Beleuchtung, dazu Tätigkeiten als Heizer und meteorologischer Gehilfe.

DER ENGLÄNDER, DER IHM DAS LEBEN RETTETE

Der britische Forscher Frederick Jackson wollte auch Mitglied der Besatzung der *Fram* werden, wurde aber von Nansen abgelehnt, da dieser nur Norweger für seine Expedition anheuerte. Keiner der beiden konnte sich damals vorstellen, dass diese Ablehnung einige Jahre später Nansen das Leben retten sollte.

Ivan Otto Mogstad, 37 Jahre. Er war Förster und Angestellter in einer Nervenheilanstalt. Auf dem Schiff übernahm er alle Arten von Aufgaben, vom Uhrmacher bis zum Hundebetreuer.

Der letzte Matrose, der sich anschloss, war **Bernt Bensen**, 33 Jahre, ein Steuermann mit Erfahrung, der jahrelang über das arktische Eismeer gefahren war. Als die *Fram* in Tromsø einen Zwischenhalt einlegte, ging er um 8.30 Uhr am Abend an Bord, um mit Nansen zu sprechen, und eineinhalb Stunden später brach er mit ihnen Richtung Norden auf.

FELLE, KOHLE UND HUNDE

Am 24. Juni 1893, am Tag des Heiligen Johannes, lief die *Fram* aus dem Hafen von Oslo in Fahrtrichtung Osten aus.

Am 12. Juli lud sie in Tromsø Kohle, Felle und finnische Stiefel. Sechs Tage später machte sie Halt im letzten Hafen Norwegens, in Vardø, und wenige Tage später kam sie nach Chabarowo an der russischen Küste, wo die Hunde auf sie warteten: 30 ostjakische Samojedenhunde und 26 ostsibirische Schlittenhunde, die speziell für das Ziehen von Schlitten abgerichtet waren.

Die Hunde waren laut, rauflustig, aufbrausend und häufig kam es unter ihnen zu blutigen Kämpfen.

Es gab zwei Rufe, um sie zu bändigen, wenn sie die Schlitten zogen: Eine Art Wiehern, «Prr-prr-prr», damit sie liefen und einen zischenden Schrei, «Ss-sss-ssss», der bewirkte, dass sie anhielten.

Die erste Erfahrung mit dem Schlitten war chaotisch: Das zusammengestellte Zuggespann aus zehn Hunden jagte hinter einem anderen Hund nach, den sie einholten, in die Enge trieben und fast zerfleischten.

Nachdem sie durch Peitschenhiebe getrennt worden waren und das Gespann entwirrt war, machten sie sich auf den Weg zu einer Lagune. Dabei stellten sie fest, wie schnell und einfach die Hunde einen Schlitten mit zwei Personen ziehen konnten.

Durch die im Sommer eisfreie Passage entlang der russischen Küste erreichte die *Fram* am 4. August die Karasee.

HUNDESCHLITTEN

Die Geschirre waren extrem einfach: Ein Stück Seil oder ein Stoffriemen wurde am Halsband festgebunden und an diesem das Zugseil des Schlittens. Während der Monate am Schiff wurden verbesserte Geschirre aus Leder und Stoff fabriziert, die für die Hunde bequemer waren.

DIE BEZEICHNUNGEN DES EISES

Für die Bewohner der Polarregionen sind Eis und Schnee Teil ihres natürlichen Lebensraumes, daher verwenden sie bis zu hundert Wörter, um die verschiedenen Arten von Eis, seine Entstehung und seine Eigenschaften zu beschreiben. Hier sind einige der häufigsten in der Arktis.

Polynja

Der Begriff stammt aus dem Russischen und bezeichnet eine von zugefrorenen Gewässern umgebene schiffbare Fläche.

Torose (Tellereis)

Riesige flache Eisfläche, die von Rissen durchzogen ist. Diese sind oft verborgen und stellen eine extreme Gefahr dar.

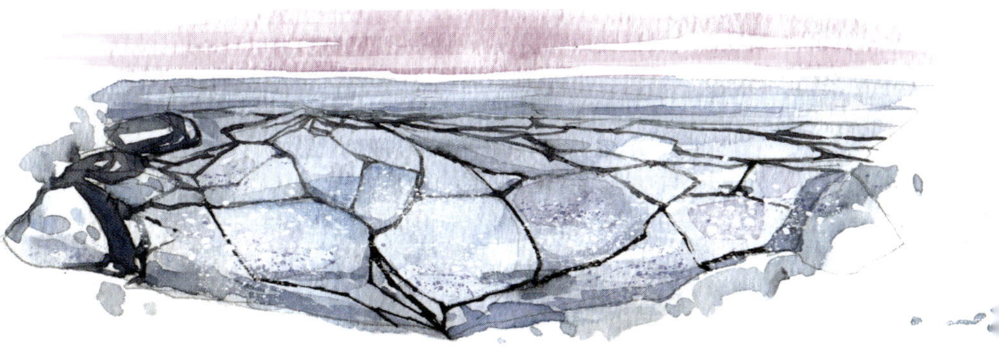

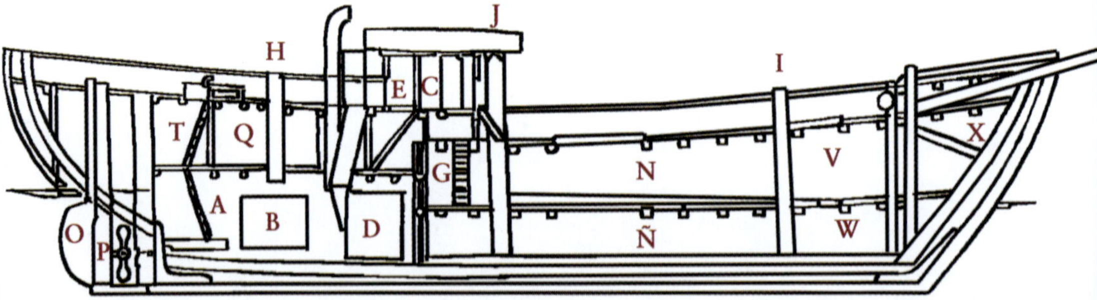

J
H
I
E
C
T
Q
X
V
G
N
A
B
D
O
P
W
Ñ

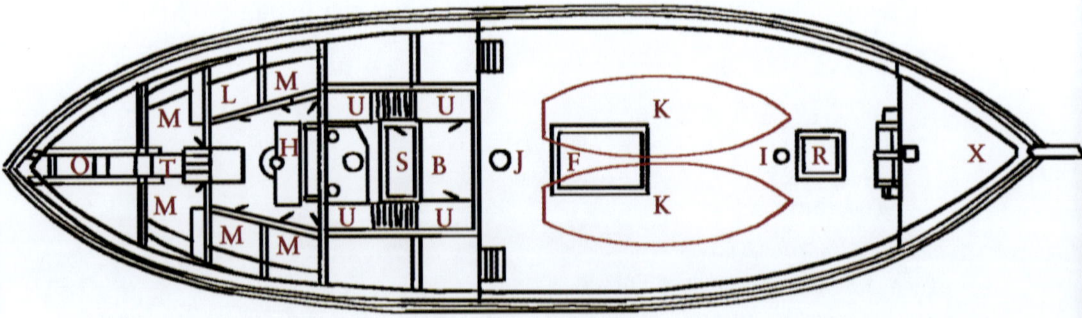

L
M
M
U
U
K
M
H
S
B
O
T
J
F
I
R
X
M
U
U
K
M
M

FRAM

Die Teile der *Fram*

A Maschinenraum
B Motor
C Kartensaal
D Heizkessel
E Arbeitsraum
F Hauptluke
G Dynamo
H Besansegelmast
I Focksegelmast
J Hauptmast
K Große Bote
L Kapelle
M Kajüten
N Hauptlager
Ñ Unteres Hauptlager
O Ruder
P Schiffsschraube
Q Salon
R Luke
S Küche
T Leiter zum Maschinenraum
U Zugänge zur Leiter
V Vorderes Lager
W Unteres Lager vorne
X Bugspriet

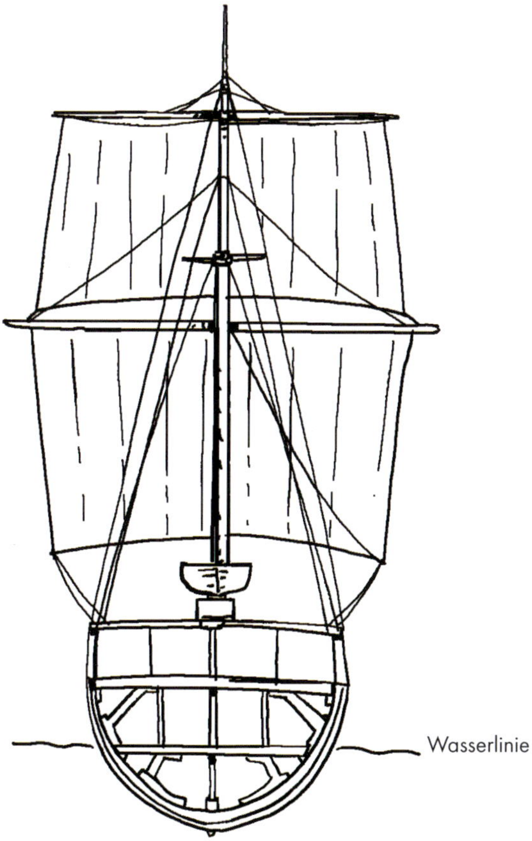

Am 13. August entdeckten sie eine Insel, der sie den Namen von Kapitän Sverdrup verliehen, da er sie zuerst gesehen hatte.

Am 4. September wurde die *Fram* vom Eis eingeschlossen, in dem sie fast drei Jahre festsitzen und das sie hunderte Kilometer nach Nordosten treiben sollte.

GEFANGEN IM EIS

Auf dem im Eis liegendem Schiff war das Leben relativ bequem und in gewisser Weise ruhig. Man hatte das Ruder eingezogen, um zu verhindern, dass das Eis es beschädigte. Der Motor wurde in verschiedene Teile zerlegt und zum Schutz vor Feuchtigkeit und Kälte eingefettet. Auf der Backbordseite wurde am Heck das Windrad angebracht, welches das Boot mit Strom versorgte.

Auch die Besatzung bereitete sich auf den langen Winter vor und begann eine Routine zu entwickeln, die sie einen großen Teil des Tages beschäftigen sollte.

Täglich mussten Lebensmittel aus dem Lager heraufgeholt, Eis geschmolzen, die Hunde gepflegt und gefüttert (in der Regel mit getrocknetem Kabeljau und Keksen) und alle möglichen kleinen Reparaturen ausgeführt werden.

Die Männer standen um acht Uhr auf, um zu frühstücken – Brot, Käse, gepökeltes Fleisch, Schinken, Sardellen, Kekse, Marmelade und Orangen aus der Dose, Kaffee, Tee oder Schokolade – und danach ging jeder seiner Beschäftigung nach, vom Putzen der Gemeinschaftsräume bis zu den meteorologischen und astronomischen Aufzeichnungen.

Erstere wurden vier Mal am Tag erhoben, indem man die Temperatur am Eis, an Deck und im Mastkorb verglich. Dieser war an der Spitze des höchsten Masten und wurde «Krähennest» genannt.

Die astronomischen Beobachtungen waren besonders mühsam, weil die Instrumente sehr genaue Einstellungen an kleinsten Schrauben und Rädern verlangten, die man ohne Handschuhe bedienen musste.

Für die ozeanografischen Forschungen wurden verschiedene Apparate auf dem Eis aufgebaut, Thermometer, Sonden sowie Netze, mit denen man Proben sammelte.

HOTEL *FRAM*

Die *Fram* verwandelte sich im Packeis in eine komfortable Herberge. Während die Temperatur im Freien auf bis zu minus 47 oder 48 Grad fiel, pflegte sie im Salon des Schiffes rund 22 Grad zu betragen. Mehr als 70 Grad Unterschied! Isoliermaterial verhinderte die Kondensation und damit die Feuchtigkeit und Vereisung.

Um 13.00 Uhr versammelten sich alle zum Mittagessen. In der Regel gab es drei Gänge: Suppe, Fleisch und Nachspeise. Im Laufe der Expedition wurde die Suppe häufig durch Fisch ersetzt. Danach traf man sich in der Küche, um zu rauchen – das war der einzige Ort auf dem ganzen Schiff, wo das erlaubt war – und nach einer kurzen Mittagsruhe kehrte jeder wieder zu seiner Beschäftigung zurück. Um sechs Uhr am Abend wurde das Nachtmahl gereicht.

Einmal im Monat führte der Arzt eine medizinische Untersuchung durch, bei der die Menge der roten Blutkörperchen und der Hämoglobinwert gemessen wurden. Alle mussten zur Gewichtskontrolle.

Man stellte fest, dass die Männer an Gewicht zunahmen, weswegen lange Ausflüge mit den Skiern und Übungen mit den Schlitten organisiert wurden.

Um acht Uhr am Abend, nach dem Abräumen, lasen sie, spielten Karten oder unterhielten sich im Salon, wo im Hintergrund das Pianola erklang oder das Akkordeon von Johansen, der traditionelle Lieder zum Besten gab.

Um Mitternacht waren alle in ihren Kajüten, außer dem Wachdienst, der im Stundentakt von einer anderen Person übernommen wurde.

Am 26. Oktober 1893 verschwand die Sonne hinter dem Horizont; die lange arktische Nacht erstreckte sich über vier Monate fast bis Mitte Februar.

«Wenn das so weitergeht, was werden wir dann bei unserer Rückkehr zu erzählen haben?», notierte Nansen in einem seiner Tagebucheinträge.

Colin Archer
(1744–1935)

Archer war Architekt und Schiffskonstrukteur in Larvik, der sich auf den Entwurf von Schiffen spezialisierte, die Manövrierbarkeit und wenig Tiefgang vereinten. Eine der meistgerühmten Erfindungen war die Spitzgatt-Konstruktion, die schnell und seetüchtig war. Einige seiner Modelle sind heute noch unterwegs.

Treibeis

Besteht aus Eisschollen, die sich von der Eisfläche gelöst haben und oft in Gruppen im Wasser treiben.

Hummock – Presseishügel

Presseishügel sind Kämme aus durch Druck zerbrochenem Eis. Sie können eine Höhe von bis zu 15 Metern erreichen.

Packeis

Ist eine große Fläche von gefrorenem Salzwasser, die auf dem Meer schwimmt und durch Wind und Meeresströmungen fortbewegt wird.

Eisschlamm

Entsteht zu Beginn der Gefrierungsphase eines Gewässers aus kristallinem Eis und hat eine püreeartige Konsistenz. Das macht ein Fortkommen darauf fast unmöglich.

DAS LEBEN IM PACKEIS

Nansen führte ein minuziöses Tagebuch des Aufenthalts der *Fram* im Eis, in dem er das Vorankommen Richtung Pol festhielt. Die Launen der Drift und der Winde brachten sie dem Ziel manchmal näher, dann entfernten sie sich wieder. Alles, was auf dem Schiff geschah, notierte er.

10. Dezember 1893: Die *Framsjaa* erscheint. Die erste Nummer dieser, vom Schiffsarzt herausgegebenen Zeitung, wird am Abend der ganzen Mannschaft vorgelesen.

24. Dezember 1893: Der Salon und die Kajüten werden mit Lichtern geschmückt und es gibt ein Galadinner, bei dem zwei Kisten mit Geschenken und Botschaften geöffnet werden, die die Familien bereits vor der Abreise übergeben haben.

23. Jänner 1894: Ein Tier, ähnlich einem schwarzen Hund, wird gesichtet. Schließlich wird es als Walross identifiziert. Es verschwindet im Wasser, taucht in der Nähe wieder auf, schnaubt und schaut uns dabei an. Noch bevor wir die Harpune holen konnten, entwischt es.

12. März 1894: Das Thermometer fällt auf minus 50 Grad, trotzdem werden jeden Tag Exkursionen auf dem Eis unternommen.

6. April 1894: Um 12.50 Uhr findet eine Sonnenfinsternis statt, die alle beobachten. Mit Hilfe eines Fernrohrs und eines Theodolit überprüfen wir die korrekte Funktion der Schiffsuhren.

17. Mai 1894: Der norwegische Nationalfeiertag wird mit einem Bankett und einem Umzug gefeiert, den Johansen mit seinem Akkordeon anführt, hinter ihm der Rest der Mannschaft mit Harpunen, Gewehren und Fahnen. Der Koch bildet das Schlusslicht mit einer Menge Kochtöpfen auf dem Rücken.

23. Juni 1894: Es werden Bärenspuren entdeckt! Hansen schnallt sofort seine Skier an und macht sich auf die Jagd.

DER BÄRENJÄGER

Eisbären sind wilde Raubtiere und es gab mit ihnen häufig Probleme. Im Oktober attackierte ein Eisbär Hansen, Blessing und Johansen, als sie ein Zelt für die Magnetfeldbeobachtungen auf dem Eis errichteten. Er verfolgte sie bis zum Schiff, wo Nansen ihn vom Deck aus mit einem gezielten Schuss in den Nacken tötete.

Ein anderer Zwischenfall einige Monate später wäre beinahe tragisch ausgegangen. Eines Nachts verschwanden drei Hunde. Mogstad und Hendriksen, der Harpunist, dachten, es handle sich um einen Hundekampf und sie gingen sie suchen, indem sie der Blutspur folgten.

Sie kamen nicht sehr weit, da plötzlich ein Eisbär auftauchte und sie angriff. Mogstad, der nur Mokassins anhatte, gelang es, zu fliehen, aber Hendriksen, der schwere Stiefel mit Holzsohlen trug, stolperte und fiel auf den eisigen Boden und der Bär biss ihn in die Seite.

Hendriksen drehte sich mit enormer Kaltblütigkeit um und schlug ihm mit einer schweren Laterne auf die Schnauze. Während der Bär sich vom Schlag und vom Schreck erholte, gelang es ihm, sich aus dessen Fängen zu befreien. Diesen Augenblick nützten die Kollegen am Schiff, um zu schießen: Johansen traf ihn mit zwei Schüssen und Nansen brachte ihn mit einem weiteren Schuss in den Kopf zur Strecke.

Zwei der drei Hunde wurden danach tot und zerstückelt gefunden. Der dritte kehrte Stunden später verletzt zurück.

Hendriksen hatte trotz der gewaltigen Bisswunde keine schlimmeren inneren Verletzungen: Die warme Kleidung und das Glück hatten ihn dieses Mal gerettet.

DIE ARKTISCHE FAUNA

Viele Tier- und Pflanzenarten haben sich an das Leben in der großen Kälte der Arktis angepasst. Es gibt weder Reptilien noch Amphibien.

Die Rosenmöve
(*Rhodostethia rosea*)

Von kleiner Statur, mit prachtvollen langen Flügeln, und einem spitz endenden Schwanz. Ihr wissenschaftlicher Name erinnert an den Polarforscher James Clark Ross.

Der Polarfuchs
(*Alopex Lagopus*)

Der kleinste seiner Art. Sein weißes Fell zur Tarnung im Winter wird im Sommer graubraun. Er ist ein Einzeljäger und hält im Unterschied zu anderen Arten weder Winterschlaf noch wandert er aus.

Die Heringsmöve
(*Larus Fuscus Fuscus*)

Sie wird auch in Europa häufig gesichtet. Ziemlich kosmopolitisch, baut sie ihre nicht sehr gepflegten Nester gerne in felsigen Regionen. Sie ist Allesfresserin und verabscheut weder Küken, Eier, noch Aasreste anderer Tiere.

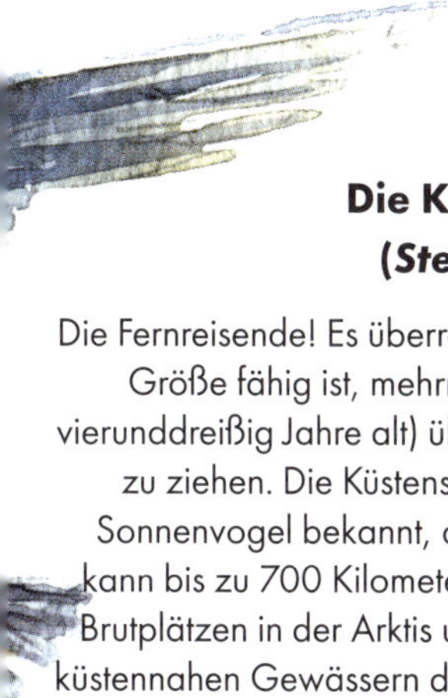

Die Küstenseeschwalbe
(*Sterna paradisaea*)

Die Fernreisende! Es überrascht, dass dieser Vogel mit seiner geringen Größe fähig ist, mehrmals in seinem Leben (er wird ungefähr vierunddreißig Jahre alt) über den Ozean von einem Pol zum anderen zu ziehen. Die Küstenseeschwalbe ist auch unter dem Namen Sonnenvogel bekannt, da sie zwei Sommer pro Jahr genießt. Sie kann bis zu 700 Kilometer weit fliegen, ohne zu schlafen. Mit ihren Brutplätzen in der Arktis und ihren Überwinterungsgebieten meist in küstennahen Gewässern der Antarktis ist sie der Zugvogel, der jährlich die größte Distanz zurücklegt.

Der Eisbär
(*Ursus maritimus*)

Ein großes Raubtier und der größte Fleischfresser der Erde, gemeinsam mit seinem Verwandten, dem Kodiakbären. Majestätisch durch seine Größe, kann er bis zu 450 Kilo erreichen, was ihn nicht daran hindert schnell zu sein, um seine Beute zu fangen. Ein großer Wanderer und Taucher, vor allem in der Zeit der Eisschmelze, kann er aber auch stundenlang in totaler Inaktivität verbringen. Leider ist er durch die globale Erderwärmung eine vom Aussterben bedrohte Art.

Das Walross
(*Odobenus Rosmarus*)

Ein riesiges Säugetier mit großen Eckzähnen, das sowohl im Wasser lebt, wo es ausreichend Nahrung findet, als auch am Land, wo es sich mithilfe seiner Flossen langsam fortbewegt. Es lebt in Herden und ist sehr sozial. Das ist vielleicht der Grund, warum es den Menschen leicht fiel, es als Nahrungsquelle zu nutzen. Es ist nur zur Paarungszeit aggressiv und zeigte in Ausnahmesituationen eine gewisse Tendenz zum Kannibalismus.

Die Sattelrobbe
(*Pagophilus Groenlandicus*)

Sie lebt praktisch im Wasser und kann mehr als 16 Minuten untertauchen, um ihre bevorzugte Nahrung zu suchen: Tintenfisch und Kabeljau. Das sehr weiche und weiße Fell im Jugendstadium, das ihr ein niedliches Aussehen gibt, wird beim ausgewachsenen Tier silbergrau. Sie verbringt ihr ganzes Leben als Einzelgängerin und wird vom Menschen gejagt und mit grausamen Methoden erlegt, um das wertvolle Fell nicht zu beschädigen..

Der Kabeljau
(*Gadus morhua*)

Er ist das Schlüsseltier für die Ernährung vieler Arten der Region, wie Narwal oder Weißwal. Er bildete auch den Grundstock für die spanischen Fischfangflotten des 16. und 17. Jahrhunderts vor den Küsten Grönlands.

Die Eismöve
(*Larus Hyperboreus*)

Sie ist groß und hat keinen festen Aufenthaltsort. Man findet sie als Begleiterin von Fischkuttern und an Küsten und Stränden. Sie baut große Nester in felsigen Zonen.

Der Weißwal
(*Delphinapteros Leucas*)

Dieser kleine weiße Wal ist sehr kommunikativ und zeigt eine äußerst variantenreiche, aus Knarren und Pfeifen bestehende Sprache und ein feines Gehör. Wenn die Arktis zufriert, zieht er Richtung Süden. Einige sind sogar die Themse hinauf geschwommen, nicht zu ihrem Besten.

Der Narwal
(*Monodon Monoceros*)

Er ist mit dem Weißwal verwandt. Er hat einen riesigen und langen Eckzahn, wie ein maritimes Einhorn, der verschiedene Verwendungszwecke erfüllt. Das reicht von der Verteidigung vor Angriffen anderer Tiere bis zum Durchstoßen von Eis und dem Erlegen seiner Beute.

DER STURM AUF DEN POL

Am 12. Dezember 1894, in ihrem zweiten arktischen Winter, erreichte die *Fram* 82° 30´ nördliche Breite. Kein Schiff war jemals zuvor so weit nördlich gewesen. Dieser Abend wurde mit einem Bankett und einem Fest bis tief in die Nacht gefeiert.

Zum Pol waren es nun noch etwas mehr als 800 Kilometer. Aber Nansen wurde langsam bewusst, dass sie ihn im Eis niemals erreichen würden. Die Drift war weiterhin unstet und launisch. An manchen Tag brachte sie sie näher, dann wieder entfernte sie das Schiff von seinem Ziel.

Daher entwickelte Nansen einen Plan: Gemeinsam mit einem weiteren Kameraden wollte er mit Hundeschlitten Richtung Norden aufbrechen und versuchen bis zum 90. Breitengrad zu gelangen.

Das bedeutete die Geborgenheit des Schiffes zu verlassen und allein und ohne Hilfe in die unerforschte Weite des Eises vorzudringen. Eine riskante Idee, die eine genaue Planung erforderte.

Er wählte Johansen als seinen Begleiter, der mit außergewöhnlichen physischen Qualitäten ausgestattet war – er hatte mehrmals die Staatsmeisterschaften im Turnen gewonnen – und rechnete damit, fünfzig Tage für die verbleibende Distanz zum Nordpol zu benötigen, bei einer durchschnittlichen Tagesleistung von 15 Kilometern.

Ein wesentliches Problem war, dass sie nicht zur *Fram* zurückkehren konnten, da diese sich währenddessen weiterbewegte und es unmöglich war, sie zu lokalisieren. Daher mussten sie es mit ihren eigenen Mitteln bis zum Festland schaffen.

Sie nahmen alles mit, was sie brauchen konnten, darunter zwei Kajaks, Bekleidung, wissenschaftliche Instrumente, um sich im Eismeer zu orientieren, Waffen und genug Proviant für drei Monate für zwei Personen und 28 Hunde: Insgesamt 663 Kilo verteilt auf drei Schlitten.

Sie nahmen ein Seidenzelt mit, Schlafsäcke aus Rentierfell, einen Primus-Kocher, mit dem man in eineinhalb Stunden fünf Liter Wasser schmelzen und drei Liter Wasser zum Kochen bringen konnte. Außerdem zweiläufige

UNTERHOSEN, HEMDEN UND HAUBEN

Nansen war immer sehr sorgfältig bei der Wahl seiner Kleidung. Sie nahmen zwei Wollhemden, zwei Wollunterhosen, einen Pullover, eine Jacke aus Kamelfell, Hosen, Gamaschen und einen Anorak aus steifem Stoff mit, der sie vor dem Schnee schützte. Als Schuhe wählten sie Mokassins aus Lappland und zur Kopfbedeckung Filzhauben mit doppeltem Innenfutter.

Gewehre, 180 Patronen, 150 Stück Schrotmunition, Petroleum und als Proviant: Fleisch und Fisch getrocknet, Aleuronatbrot, Brot und 39 kg Butter, ausreichend, um bis zum Pol zu gelangen. Auf der Rückreise würden sie die Hunde töten und verspeisen. Sie rechneten damit, so für 41 Tage Fleisch zu haben. Es würden nur fünf Hunde übrigbleiben, um einen Schlitten zu ziehen.

Am 14. März 1895 lassen sie die *Fram* nach zwei fehlgeschlagenen Aufbrüchenendgültig hinter sich, begleitet von den Hochrufen ihrer Kameraden.

Die erste Woche kommen sie über glattem und festem Eis bequem voran und der Kilometerzähler an einem der Schlitten misst 120 Kilometer. In der zweiten Woche schaffen sie nur 80 Kilometer, aber sie kommen kontinuierlich vorwärts. Sie können die Entfernung nicht mehr exakt messen, weil sie den Wegmesser unterwegs verloren haben. Als sie das bemerkten, war es zu spät um umzukehren und ihn zu suchen.

Dann wird die Fortbewegung durch die Eisbeschaffenheit komplizierter und das Fortkommen langsam und mühsam. Es gibt aufgetürmte Eisschollen, Eiskämme und -blöcke – einige bis zu zehn Meter hoch – die man mit den Schlitten und den Hunden überwinden muss.

Zwei Hunde werden krank. Einer folgt ihnen nicht mehr und verschwindet, den anderen beschließen sie zu erschießen und an die übrigen Hunde zu verfüttern, die das Fleisch jedoch verweigern und diese Nacht schlafen, ohne gefressen zu haben.

Die Bedingungen werden immer härter. Die Temperatur fällt bis minus 43 Grad, mit Stürmen und Schneegestöber. Der aufgewirbelte Schnee zerschneidet die Haut wie mit Rasierklingen. Unter Tags kondensiert und gefriert der Schweiß und bildet eine Eisschicht an der Kleidung: Ein Eispanzer, der die Bewegung behindert. Die steife Kleidung reibt an der Haut und verursacht Wunden und schmerzhafte Verletzungen.

In der Nacht im Schlafsack taut die Kleidung wieder auf und sie gewinnen ihre Beweglichkeit zurück, um den Preis stundenlang durchnässt und zitternd zu schlafen. Kaum sind sie aus dem Schlafsack gekrochen, friert die Kleidung wieder ein.

Sie müssen jeden Tag das Lager auf- und abbauen, die Hunde pflegen, Essen zubereiten – Pemmikan, getrocknete Erdäpfel oder Fisch, Suppe und Aleuronatbrot – und genug Schnee schmelzen, um über Wasser zu verfügen.

Die Fortbewegung ist so anstrengend, dass sie abends manchmal schon beim Essen einschlafen.

Ende März beginnt die Temperatur zu steigen und es öffnen sich unter dem Schnee verborgene Spalten. Die Hunde stürzen einmal ab und müssen gerettet werden. Oft müssen sie die Schlitten abräumen, um ein Hindernis zu überwinden und danach wieder beladen.

Eines Tages entsteht ein Kanal auf dem Eisfeld und Johansen versinkt mit den Füssen im Wasser. Augenblicklich werden sie von einer dicken Eisschicht umschlossen. Nur knapp können sie das Erfrieren vermeiden.

Ein weiterer Hund muss geopfert werden und wird in sechsundzwanzig Portionen geteilt. Nur sechs Hunde verweigern das Fressen, die anderen tun es mit ungewohnter Gefräßigkeit.

Anfang April macht eine Anhäufung von Eisblöcken ein Weiterkommen unmöglich. Menschen und Hunde sind erschöpft. Die Lebensmittel beginnen knapp zu werden. Und das Packeis driftet Richtung Süden, getrieben vom

Wind und der Strömung. Die Strecke, die sie untertags mühsam vorangekommen sind, verlieren sie in der Nacht wieder, während sie schlafen.

Am 8. April beschließen sie umzukehren. Sie sind bis 86° 10´ nördlicher Breite gekommen. Niemand war vorher je so weit im Norden. Das feiern sie mit einem Galaessen: Fleischeintopf, Aleuronatbrot, Butter und als Nachtisch Schokolade und Preiselbeerkompott.

Jetzt stehen ihnen noch 1.200 Kilometer Wegstrecke Richtung Süden bevor, bis zum ersten bewohnten Ort.

DAS SCHLACHTEN DER HUNDE

In den ersten Tagen erlaubte es ihnen der Zustand des Packeises, rasch in Richtung Süden voranzukommen, aber die Bedingungen werden mit der Eisschmelze von Tag zu Tag schwieriger: Es öffnen sich breite Kanäle, die man nach unendlichen Umrundungsversuchen durchwaten muss. Der weiche Schnee wandelt sich zu einem klebrigen Püree, in dem die Hunde bis zur Brust versinken und das aufgeweichte Eis hält dem Gewicht der Schlitten nicht stand.

So müssen sie denselben Weg dreimal zurücklegen: Erkundigung des Terrains, um die sicherste Route zu finden, zurückkehren, um Hunde und Schlitten zu holen und dann mit diesen zum gewählten Ziel.

Am 12. April 1895 vergessen sie die Uhren aufzuziehen. Das kann dramatisch enden, denn um ihren Ort zu bestimmen, müssen sie die exakte Uhrzeit kennen. Sie schätzen die Zeit und stellen die Uhren neu, aber den Rest der

Reise zweifeln sie an ihren Beobachtungen und in Folge an ihrer Position auf dem Packeis.

Am 16. Mai ist der Geburtstag von Johansen. Sie feiern ihn mit einem Fleischeintopf. Der Proviant wird knapp. Die Hunde sind nach mühsamen Stunden des Marsches erschöpft und wenn sie nicht mehr weiter können, werden sie geopfert und dienen als Nahrung für ihre Gefährten.

Von den 28 Hunden, mit denen die Expedition begann, bleiben Ende Mai nur mehr acht übrig. Um Munition zu sparen, die sie für die Jagd brauchen könnten, beschließen sie, den Hunden die Kehle durchzuschneiden. Jeder Tod ist ein Gemetzel. Mitte Juni haben sie nur noch fünf Hunde und am 15. töten sie zwei weitere. «Hundeblutsuppe», notiert Johansen in seinem Tagebuch, «ein Festmahl!»

Eines Tages, am Rande der Entkräftung, erjagen sie eine Robbe und haben so wieder frisches Fleisch. Ein paar Tage später töten sie einen Bären.

Anfang August kommen sie endlich ans offene Meer. Sie müssen alles, was sie nicht mitnehmen können am Eis zurücklassen. Sie lassen die Schlafsäcke, eine große Menge Fleisch und Fett, die Kochtöpfe, drei Bärenfelle, Wollfellhandschuhe und Mokassins, Teile der Arzneimittel und einen Geologenhammer zurück.

Bevor sie in die Kajaks steigen, beschließen sie, die zwei letzten Hunde zu erschießen, da sie sie nicht mitnehmen können. Nansen tötet Suggen, den Hund von Johanson und der macht dasselbe mit Caífas, jenem von Nansen.

Sie waren nun schon fünf Monate zu Fuß und auf Schlitten unterwegs und haben mehr als 1.000 Kilometer auf dem Eis zurückgelegt.

SEIEN WIR PER DU

Ende August 1895 bereiteten sie sich auf einen weiteren Winter vor. Sie bauten eine kleine Hütte und benutzten dazu Steine von den Klippen, Schlamm, Schnee und für das Dach Walrossfelle. Zwei dicke Bärenfelle verschlossen den Eingang wie Vorhänge.

Im Oktober begann die lange Polarnacht. Sie hatten Nahrung gesammelt – Walross- und Bärenfleisch – und sie hatten aus Blech Lampen konstruiert, die sie mit Robbenfett betrieben, das beim Verbrennen bestialisch stank.

Nach wenigen Wochen waren ihre Gesichter kohlrabenschwarz, der Bart und die Haare waren gewachsen, fettig und voller Ruß und eine harte Kruste aus Schmutz und Fett bedeckte die Kleidung, die Hände und die Arme. Sie verwandelten sich in Gespenster.

Da sie keine Seife hatten, mussten sie den Schmutz mit einem Messer abkratzen. Später entdeckten sie, dass sie die Hände mit einer Paste aus warmen Blut und Öl, das sie danach mit Erde und Moos entfernten, annehmbar sauber bekamen.

Am Weihnachtstag wuschen sie ihr Gesicht mit einer Tasse warmen Wasser, wendeten ihre Hemden und wechselten die Unterwäsche.

Ein paar Tage später schlug Nansen Johanson vor, sich zu duzen. Bis zu diesem Augenblick hatten sie sich immer noch mit Sie angesprochen, trotz aller Leiden und der zahlreichen Male, die einer dem anderen das Leben rettete. Von diesem Moment an sprachen sie sich mit Du an, obwohl sie sich immer noch beim Nachnamen nannten.

Sie verbrachten den größten Teil der Zeit in der Hütte mit Schlafen und Essen. Die Wände schwitzten Feuchtigkeit, die den Boden durchtränkte und ihn in einen Morast aus Schlamm, Fleischstücken und Fett verwandelte.

Sie beklagten sich auch darüber keine Lektüre zu haben, nur Navigationstabellen und ein nautisches Jahrbuch, das sie bereits so oft gelesen hatten, dass sie es auswendig konnten.

Sie verbrachten neun Monate dort, bis sie Ende Mai das Lager abbrachen und zu Fuß ihren Weg nach Süden fortsetzten.

DIE TAUFE DER INSELN

Am 9. August 1895 sichtet Nansen von der Kuppe des Eises, das die kleine Felsinsel bedeckte, auf der sie ihr Lager errichtet hatten, einen Archipel aus vier Inseln, der auf den Karten nicht verzeichnet war.

Er nannte die Inselgruppe Hvidtenland, Weißes Land.

Die östlichste und größte Insel nannte er zu Ehren seiner Frau Eva und jener daneben, mit zwei kleinen felsigen Vorsprüngen, gab er den Namen seiner Tochter, Liz.

EIN FOTO AM GLÜCKLICHEN ENDE

Am 17. Juni 1896 hörte Nansen, während er den Kocher für einen Fleischeintopf vorbereitete, in der Ferne etwas, das sich wie Gebell anhörte.

Er spitzte die Ohren, und dachte schon, er hätte sich getäuscht, als er es wieder hörte, diesmal in aller Deutlichkeit. Dann fand er Spuren im Schnee und in der Ferne sah er einen Hund – und einen Mann!

Auch der andere bemerkte ihn und sie schwenkten ihre Hauben zur Begrüßung.

Wenige Minuten später reichten sie sich die Hände und begrüßten sich auf Englisch.

– How do you do?

Es war Jackson! Jener Engländer, der sich für die Expedition der *Fram* beworben hatte, und den er trotz seiner Erfahrung nicht aufnehmen wollte, da er beschlossen hatte, dass alle Teilnehmer Norweger sein sollten.

Jackson leitete eine Expedition in Franz-Josef-Land und erkannte ihn nicht sogleich. Erst als sie ein paar Minuten miteinander gesprochen hatten, wagte er zu fragen:

- Sind Sie nicht Nansen?

- Ja.

Da standen sie beide mitten im Schnee und Jackson, ungläubig und immer noch überrascht über das Treffen, beglückwünschte ihn.

– Ich beglückwünsche Sie von ganzem Herzen! Sie haben eine tüchtige Reise gemacht und es freut mich ungemein, dass ich der Erste bin, der Ihnen zu Ihrer Rückkehr gratulieren kann!

Drei Tage später, Nansen war jetzt gewaschen und rasiert, wiederholten sie das Treffen im Schnee für ein Foto, das um die Welt gehen sollte.

Ende August trafen auch Nachrichten von der *Fram* ein, die sich inzwischen aus dem Eis befreit hatte, in dem sie drei Jahre eingeschlossen war, und sich auf den Heimweg machte.

Das Telegramm lautete: «Fridtjof Nansen. *Fram* heute in gutem Zustand angekommen. Alle wohl an Bord. Erwarten sie in Tromsø. Willkommen in der Heimat! Otto Sverdrup.»

Die Begrüßung in Kristiania war eines Nationalhelden würdig. Hunderte mit norwegischen Fahnen geschmückte Schiffe empfingen die *Fram* im Fjord. Einige Kriegsschiffe der Marine gaben dreizehn Ehrensalven ab, eine für jeden Teilnehmer der Expedition.

Der Empfang in der Stadt war eine große Würdigung. Nansen fuhr in einem offenen Wagen über die wichtigsten Straßen bis zum Königspalast, wo ihn König Oscar II. empfing.

Danach begrüßte er vom Balkon aus die riesige Menge, die sich versammelt hatte, um ihm zuzujubeln. Er trug seine kleine Tochter Liv in den Armen. Sie war drei Jahre alt und hatte ihren Vater gerade erst kennengelernt.

In den drei folgenden Monaten arbeitete Nansen intensiv an einem Buch, in dem er seine Abenteuer erzählte. Die Übersetzung ins Englische erschien in einer Auflage von 40.000 Exemplaren und war in wenigen Wochen vergriffen.

Nansen begann eine Vortragsreise, die ihn unter anderem in die Royal Albert Hall führte, wo er seine polaren Heldentaten vor mehr als 7.000 Zuhörern schilderte. Dort überreichte ihm der Prinz von Wales eine speziell für diesen Anlass geprägte Goldmedaille.

WEITERE POLREISEN

Die Abenteuer von Nansen und der *Fram* entfachten ein wahrhaftiges Polarexpeditionsfieber. Alle wollten den Pol erreichen und jeder wollte der Erste sein.

1

Im Juli 1897 brach **Salomon August Andrée** mit dem Heißluftballon *Ornen* (Adler auf Schwedisch) von Spitzbergen in Richtung Nordpol auf. Er wurde von zwei Mitstreitern und von zehn Brieftauben begleitet, von denen nur eine zurückkehrte. Die Botschaft, die sie überbrachte, lautete: «Das Wetter ist prächtig und der Ballon fliegt Richtung Norden». Das war das Letzte, was von dieser Expedition gehört wurde.

1930 fanden norwegische Jäger auf der Weißen Insel die Skelette von Andrée und seinen Gefährten samt dem Reisetagebuch: Der Ballon war auf das Eis gestürzt und obwohl sie Richtung Süden voranschritten, konnten sie ihre Leben nicht retten.

2

Ein Jahr später, im Juni 1898, organisierte **Otto Sverdrup** eine neue Expedition mit der *Fram*, deren Ziel es war, die Inseln im Norden Kanadas zu erforschen. Sie verbrachten vier Jahre mit dem Kartographieren der Region und sammelten Gesteinsproben und Fossilien, die belegten, dass diese eisigen Inseln einmal von Wäldern bedeckt waren.

Zahlreiche Inseln wurden (neu) benannt, etwa die Ellef- und Amund Ringnes-Inseln, die den Namen einer Biermarke erhielt, deren Besitzer die Expedition unterstützt hatten.

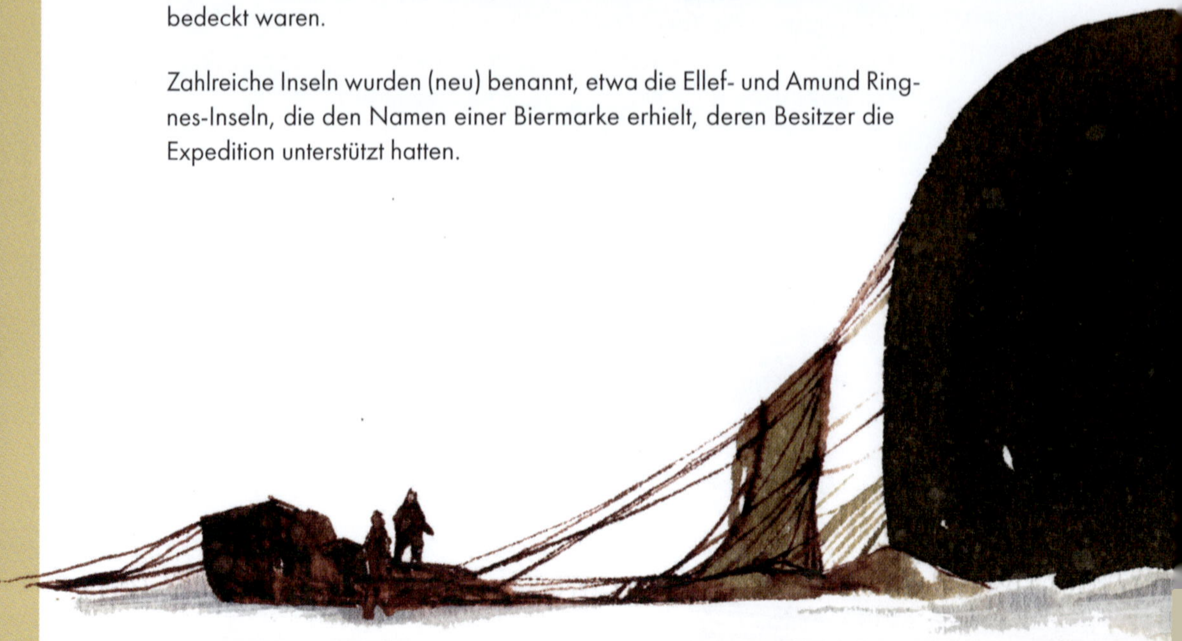

3

Im Februar 1900 brach eine vom Herzog der Abruzzen **Luigi Amadeo di Savoia** organisierte italienische Expedition von der Rudolf-Insel auf, nachdem die Mannschaft an einem sicheren Ankerplatz einen harten Winter an Bord der *Stella Polare* verbrachte. Geleitet wurde sie von Admiral Umberto Cagni, da der Herzog die Expedition selbst nicht mehr anführen konnte, nachdem er Erfrierungen an mehreren Fingern erlitt, von denen zwei amputiert werden mussten.

Cagni brach mit zehn Männern, 102 Hunden und 13 Schlitten Richtung Norden auf, die in drei Teams eingeteilt waren: Zwei davon sollten als Unterstützung für jenes Team dienen, das den Nordpol erobern sollte. Als die Vorräte zur Neige gingen, kehrten die Unterstützungsgruppen um. Eine von ihnen, geleitet von Leutnant Querini, verirrte sich in der Eiswüste, was ihnen das Leben kostete. Wenig später musste auch Cagni umkehren. Bei Temperaturen bis zu minus 62 Grad zerbrach Metall wie Glas und die Hunde erfroren. Sie schafften es bis 86° 33′ nördliche Breite und übertrafen den Rekord von Nansen um 34 Kilometer.

4

Am 6. April 1909 beanspruchte der US-Amerikaner **Robert Peary** für sich die Ehre, als erster Mensch den Nordpol betreten zu haben, gemeinsam mit seinem unzertrennlichen Mitarbeiter Matthew Henson und vier Inuit.

Peary hatte schon mehrere Arktisexpeditionen geleitet und lebte mehrere Jahre bei den Inuit. Von ihnen lernte er Jagd- und Fischfangtechniken, den Bau von Iglus und Schlitten, und die Herstellung warmer Kleidung.

Seine Heldentat war von Anfang an von Betrugsverdacht begleitet. Keiner der Expeditionsteilnehmer war astronomisch bewandert; die Rückkehr vom Pol war ungewöhnlich schnell. Letztlich wurde nachgewiesen, dass der Tagebucheintrag, in dem er berichtete, «Endlich der Pol!!! Ein Drei-Jahrhundertpreis, mein Traum und Ehrgeiz während 23 Jahren. Meiner, endlich...», nachträglich hinzugefügt wurde.

Man wird nie erfahren, ob er wirklich zum Nordpol gelangt war, oder nur ein paar Kilometer davon entfernt war, worauf jüngste Forschungsergebnisse hindeuten.

Als Peary 1920 starb, wurde er mit allen Ehren am Nationalfriedhof von Arlington unter einem beeindruckenden Monument, das seine Polexpeditionen darstellt, begraben.

5

Am 29. März 1926 nahm Benito Mussolini an der Zeremonie zur Übergabe der *Norge* an Roald Amundsen teil. Die *Norge* war ein ausgemustertes Luftschiff der italienischen Marine, das von dem faschistischen Oberst Umberto Nobile gesteuert wurde.

Das offizielle Foto zeigt die Drei, lächelnd, streng gekleidet mit Anzug und Melone auf dem Flughafen von Ciampino.

Amundsen hatte 1925 versucht, mit zwei Wasserflugzeugen den Nordpol zu erreichen. Die Motoren der beiden Flugzeuge hatten nach acht Stunden Flug eine Panne und sie mussten 250 Kilometer vom Pol entfernt landen. Drei Wochen waren sie damit beschäftigt, einen der Motoren zu reparieren, und schließlich schafften sie den Rückflug.

Im Mai 1926 brach die *Norge* mit Amundsen und Nobile von Spitzbergen auf: Das Luftschiff war 106 Meter lang, hatte einen Durchmesser von 26 Meter und drei Motoren – und erreichten nach 13 Stunden Flug endlich den Nordpol. Aus der Gondel heraus wurden drei Fahnen gesetzt, die US-amerikanische, die italienische und die norwegische, zu Ehren der Nationalitäten der drei Besatzungsmitglieder.

Zwei Jahre später überflog Nobile, diesmal ohne Amundsen, ein weiteres Mal den Pol in einem anderen Luftschiff, der *Italia*, die auf dem Rückflug abstürzte. Von den 16 Besatzungsmitgliedern wurden zehn auf das Eis geschleudert (eine Person starb und die anderen wurden teils schwer verletzt). Das nun erleichterte Luftschiff stieg mit sechs Personen an Bord wieder auf – bis zum heutigen Tag wurde keine Spur mehr von ihnen gefunden.

Sofort wurden Rettungsexpeditionen organisiert und an einer von ihnen nahm Amundsen an Bord eines französischen Wasserflugzeugs, der *Latham 47*, teil.

Wenige Stunden nach dem Start verschwand das Flugzeug in der Arktis und es wurde später nur eine der Schwimmkufen wiedergefunden.

Nobile und der Rest der Überlebenden wurden drei Wochen später vom russischen Eisbrecher Krasin gerettet.

Von Amundsen fand man nie wieder eine Spur. Die Arktis holte sich das Leben eines der besten Polarforscher aller Zeiten: dem ersten Mann auf dem Südpol.

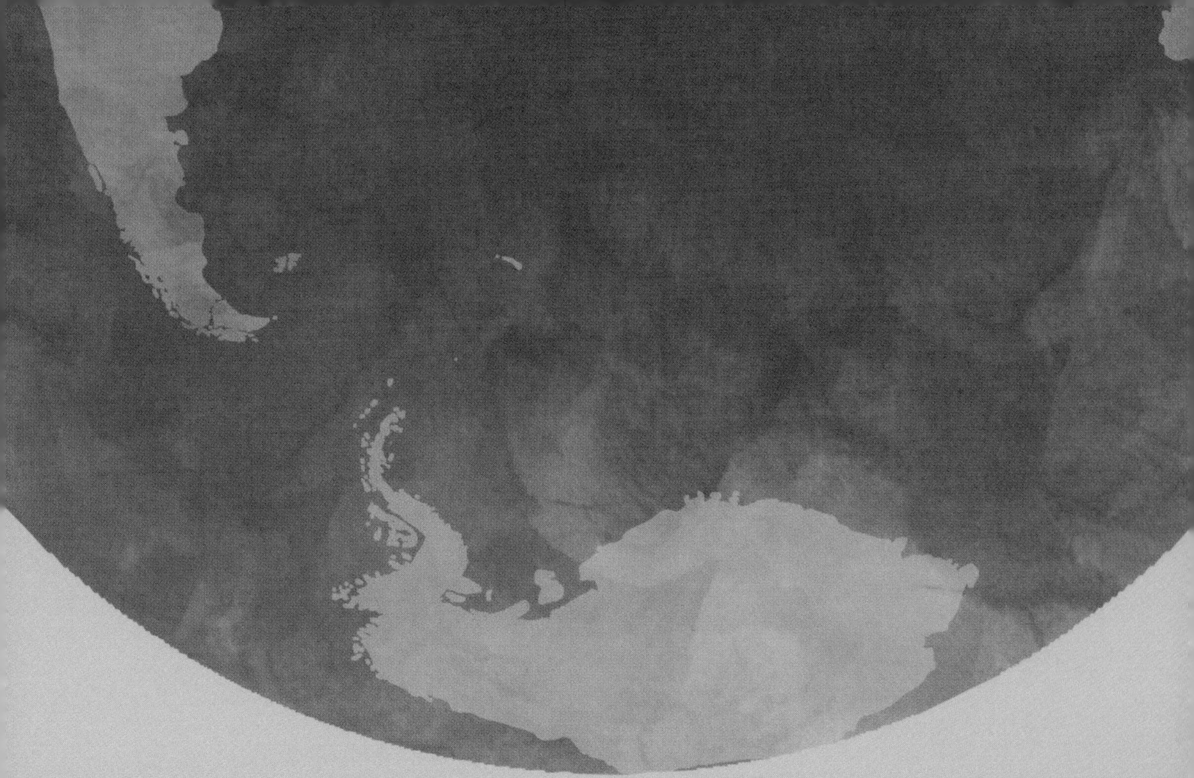

AMUNDSEN UND DER SÜDPOL

AMUNDSEN, DER MANN DES EISES

Roald Amundsen. Man sagt, dass sich seine Faszination für das Eis und die Polarexpeditionen schon mit acht Jahren zeigten, als er immer bei offenem Fenster schlief, sogar an den härtesten Wintertagen, um sich an die Kälte zu gewöhnen.

Er war fasziniert von der Expedition Franklins – mit der *Erebus* und der *Terror* – und besessen von der Suche nach der Nordwestpassage. Mit achtzehn Jahren besuchte er einen Vortrag jenes Mannes, der später sein Mentor werden sollte: Fridtjof Nansen, der gerade Grönland durchquert hatte. Schon damals traf er die Entscheidung, sich der Erforschung der Pole zu widmen.

Er wurde am 16. Juli 1872 in eine Familie von Seemännern und Reedern geboren. Seine Eltern wollten, dass er Medizin studiert. Als seine Mutter starb, war er 21 Jahre alt. Kurz darauf verließ er die Universität und heuerte als Matrose auf dem Robbenfänger *Magdalena* an.

Nachdem Amundsen 1897 mit fünfundzwanzig Jahren den Titel Kapitän erlangte, ging er als erster Offizier auf der *Belgica* an Bord, die zu einer wissenschaftlichen Expedition in die Antarktis aufbrach, um den magnetischen Südpol zu suchen. Das Eis setzte das Schiff mehr als ein Jahr fest und die Besatzung musste die lange Polarnacht schlecht ausgerüstet und ohne Lebensmittelvorräte und Brennstoffe überleben. Ein Matrose wurde verrückt, Leutnant Danco starb vor Erschöpfung, man stellte Skorbut fest und sie waren gezwungen rohes Pinguin- und Robbenfleisch zu essen.

Amundsen freundete sich mit Frederick Cook an, dem Arzt der Expedition, der Jahre später wie Robert Peary behaupten sollte, der erste Mensch am Nordpol gewesen zu sein. Cook und Amundsen nutzten den langen Aufenthalt im Eis, um Überlebenstechniken auszuprobieren und weite Skiausflüge zu unternehmen.

1910 kaufte Amundsen den kleinen Fischkutter *Gjøa*. Mit ihr gelang es ihm zwei Jahre später, die Nordwestpassage zu durchfahren.

DIE *GJØA* UND DIE NORDWESTPASSAGE

In der Nacht auf den 17. Juni 1903 lief die Besatzung der *Gjøa*, bestehend aus sechs Männern, heimlich aus dem Hafen von Kristiania aus. Gläubiger hatten gedroht das Schiff zu beschlagnahmen, sodass sie beschlossen in der Nacht aufzubrechen, im Schutz der Dunkelheit und des Regens.

Die *Gjøa* war klein, stabil und hatte kaum drei Meter Tiefgang, was ihr ermöglichte, sich in Gewässer zu wagen, die für größere Schiffe nicht befahrbar waren. Sie hatten Vorräte für fünf Jahre geladen, den Rest der Expedition bildeten Dutzende Hunde und Schlitten.

Die *Gjøa* brach Richtung Westen auf, wo sie bei der King-William-Insel vom Eis eingeschlossen wurde. Dort nahm Amundsen Kontakt zu den Inuit auf, von denen er lernte, Iglus zu bauen, Bekleidung aus Pelzen herzustellen und mit Schlitten zu fahren.

Fast zwei Jahre lang führten sie wissenschaftliche Beobachtungen aller Art durch: Magnetismus, Astronomie und Meteorologie. Auf einer ihrer Wanderungen fanden sie Knochen zweier Männer der Franklin-Expedition und auf einer anderen entdeckten sie, dass der magnetische Nordpol vom Ort der letzten Aufzeichnung durch John Ross 1830 fünfzig Kilometer Richtung Nordosten weitergewandert war. Das bewies die Bewegung der magnetischen Pole, die bis dahin unbekannt war.

DAS TELEGRAMM, DAS NIE ANKAM

Sobald sie Yukón erreicht hatten, legte Amundsen 800 km zurück, um ein Telegramm an die *Times* aufzugeben, in dem er über seine Abenteuer berichtete. Aber es war so lange, dass es durch den Empfänger bezahlt werden musste. Es würde erst beim Eintreffen der Zahlung verschickt. Wenige Stunden nach der Aufgabe erreichte die Nachricht durch die Begeisterung und die Indiskretion eines Postbeamten sämtliche Zeitungen. Amundsen bekam für die Exklusivrechte nie eine Entlohnung.

Als die *Gjøa* im Sommer 1905 aus dem Eis befreit war, setzte sie ihren Weg fort und gelangte an die Küste von Yukón zwischen Kanada und Alaska, wo sie auf einen Walfänger der nordamerikanischen Flotte traf. Sie hatten es geschafft!

Im August 1906 erreichte die *Gjøa* San Francisco. Nach zahlreichen gescheiterten Versuchen und hunderten Toten gelang es einer kleinen Expedition an Bord eines Fischkutters mit gerade einmal sechs Matrosen, die Nordwestpassage zu durchfahren. Sie waren die Ersten, die vom Nordatlantik aus in den Pazifik gelangten.

Die Expedition der *Gjøa* machte Amundsen zum Helden. Er startete eine lange Vortragsreise durch ganz Europa, wodurch er einen großen Teil der Schulden der Expedition begleichen konnte. Somit konnte er sich auch einer nächsten Herausforderung stellen: dem Nordpol.

Und während dessen im Süden ...

ROBERT FALCON SCOTT

Robert Falcon Scott war Offizier der Royal Navy und Experte für Torpedos, und wurde mit gerade einmal 20 Jahren Kapitänleutnant. Obwohl er keinerlei Pol-Erfahrung hatte, wurde er vom Präsidenten der Royal Geographical Society Sir Clements Markham ausgewählt, die Britische Arktisexpedition im Jahr 1901 mit der *Discovery* zu leiten.

Im August 1901 brach die *Discovery* vom Hafen in Cardiff auf. König Eduard VII. und Königin Alexandra besuchten nur Tage zuvor das Schiff, wo es zu einem Zwischenfall mit dem Hund der Königin, einem Pekingesen, kam. Er fiel ins Meer und wurde von einem Matrosen gerettet, der ihm nachsprang, um ihn herauszufischen.

Sechs Monate später, im Februar 1902, gingen sie an der Rossbarriere an Land. Dort stieg Scott in einen Fesselballon und wurde so zum ersten Menschen, der die Antarktis von oben sah.

In Hut Point errichteten sie ein Lager aus Holz, «die Hütte», obwohl sie weiterhin auf dem Schiff lebten.

In den ersten Novembertagen beschlossen sie mit Hunden und Schlitten Richtung Süden aufzubrechen. Sie mussten 1.300 Kilometer Eiswüste überwinden, was sie dazu zwang allen notwendigen Proviant mitzunehmen.

Scott bestimmte Wilson und Shackleton als seine Begleiter, um das Ziel zu erreichen. Zwölf weitere Männern sollten sie zur Unterstützung soweit wie

DAS LETZTE HOLZSCHIFF

Die *Discovery* war der letzte Dreimaster in England, der aus Holz gebaut wurde. Man dachte, dass ein Rumpf aus Stahl im Eis nicht so flexibel sei und setzte daher auf Holz. Das Ergebnis war ein wenig seetaugliches Schiff: es war nicht sehr stabil, die Segel lieferten nicht genug Kraft um voranzukommen und es ließ sich schwer steuern.

möglich begleiten. Auf dem Weg würden sie eine Reihe von Depots für den Rückweg hinterlassen.

Sie zogen am 2. November 1902 los und erreichten am Ende des Monats 80° südlicher Breite. Es waren anstrengende Märsche, bei denen die Hunde erschöpft wurden. Als einer der Hunde starb, sahen sie mit Schrecken, wie die übrigen ihn verschlangen. Von diesem Moment an ernährten die schwächsten Hunde die anderen, was Scott immer als einen moralischen Verfall betrachtete.

Die Expedition musste die schon knappen Rationen weiter beschränken und die Männer wurden von Skorbut befallen. Am 3. Dezember erreichten sie 82° 17′ 33″ südliche Breite.

Sie trugen bereits fast zwei Monate dieselbe Kleidung. Ihre Gesichter waren von der Sonne verbrannt, die Lippen von tiefen Wunden gezeichnet und die Hornhäute der Augen durch das Licht und den Schnee entzündet. Die Hunde starben weiterhin vor Schwäche – es waren nur noch elf übrig – so beschlossen sie umzukehren und dabei die Schlitten selbst zu ziehen.

Am 3. Februar erreichten sie das Schiff nach 93 Tagen Marsch und 1.000 zurückgelegten Kilometern. Shackelton war so unterernährt und krank, dass er mit einem anderen Schiff, der *Morning*, evakuiert werden musste.

Im Februar 1904 sprengten sie mit Dynamit die letzten Eisreste, die die *Discovery* einschlossen und konnten so nach England zurückkehren.

ERNEST SHACKLETON

«Suche Freiwillige für gefährliche Reise. Niedriger Lohn, bittere Kälte, lange Stunden in vollständiger Finsternis garantiert. Rückkehr ungewiss. Ehre und Anerkennung im Fall des Erfolges.»

Die Legende besagt, dass sich auf diese Announce in der *Times* mehr als 5.000 Bewerber meldeten. Unterzeichnet war sie von Ernest Shackleton, einem großen und kräftigen Kapitän der Handelsmarine mit schwarzem Haar. Shackleton war dritter Offizier von Scott auf der *Discovery*. Er kaufte ein kleines Schiff, die *Nimrod*, und organisierte seine eigene Expedition.

Am 29. Oktober 1908 brachen Shackleton und drei weitere Männer – Adams, Marshall und Wild – mit vier Schlitten, die von mandschurischen Ponys gezogen wurden, Richtung Süden auf. In drei Wochen legten sie mehr als 700 Kilometer zurück und einen Monat nach ihrem Aufbruch stellten sie den Rekord von Scott ein (82° 17′ 33″).

Die Pferde erwiesen sich jedoch schon bald als ungeeignet für die immer extremere Kälte: Ihr Schweiß gefror zu Eiskrusten, die schmerzhafte Verletzungen verursachten; zudem verletzten sie sich an den Eisspalten oft schwer die Beine. Daher mussten sie geschlachtet werden. Das Fleisch nahmen sie mit, um es gekocht oder roh zu essen, was sie vor Skorbut schützte. Einen Teil bewahr-

DAS ERSTE AUTO AM POL

Shackleton hatte auf der *Nimrod* erstmals ein Auto dabei, das ihnen die Firma Arrol-Johnston zur Verfügung stellte. Das Auto machte nur Probleme: Sein enormes Gewicht und der fehlende Grip der Reifen ließen es auf dem Eis schlittern und der Motor wurde ständig kaputt. Gerüchten zufolge warfen es die Expeditionsteilnehmer auf dem Rückweg während eines Sturms heimlich über Bord.

ten sie in improvisierten Depots für die Rückreise auf, was ihnen das Leben retten sollte.

Sie überwanden das Ross-Schelfeis und zogen dabei die Schlitten selbst. Dann bestiegen sie den Beardmore Gletscher, den sie nach einem der Sponsoren der Expedition benannt hatten. Am 23. Dezember erreichten sie das antarktische Plateau.

Komplett erschöpft, hungrig, mit permanenten Kopfschmerzen und extrem unterkühlt, gerieten sie in ein heftiges Unwetter, das sie tagelang in ihren Zelten einschloss. Am 9. Jänner 1909 beschlossen sie umzukehren. Sie waren bis 88° 23´ südliche Breite gekommen, es trennten sie gerade noch 180 Kilometer vom Pol.

Der Rückmarsch wurde zu einem Wettlauf mit dem Tod. Erschöpft, krank und nahe am Umfallen fanden sie die Vorräte wieder. Das Pferdefleisch rettete ihnen das Leben.

Am 27. Februar brach Marshall 54 Kilometer vom Basislager entfernt zusammen. Shackleton und Wild wanderten dreißig Stunden ohne anzuhalten bis zur *Nimrod* und kehrten dann zurück, um ihn zu retten.

Als Shackleton nach England zurückkehrte, sagte er zu seiner Frau mit genialer Eloquenz: «Ich habe angenommen, du würdest einen lebenden Esel einem toten Löwen vorziehen.»

Die Expedition der *Nimrod* öffnete nicht nur den Weg zum Südpol, sondern war auch die Erste, die den Mount Erebus bezwang, den südlichsten aktiven Vulkan der Erde.

DU WIRST DIE *FRAM* BEKOMMEN

Amundsen nahm sich nach seiner Fahrt mit der *Gjøa* die Eroberung des Nordpols vor und dazu brauchte er die *Fram*. Er wollte sich nach dem Vorbild der Expedition von Nansen ebenfalls im Eis einschließen lassen, um mit der transarktischen Drift so nahe wie möglich an den Pol zu treiben, den sie letztlich mit Schlitten und Hunden erreichen wollten.

Neu war, dass sie vom Pazifik aus auf das Eis gelangen wollten, was eine Umschiffung des Kap Hoorn erforderte.

Obwohl die *Fram* im Eigentum der norwegischen Regierung stand, konnte Nansen über das Schiff verfügen. Amundsen übermittelte ihm seinen Plan und bat ihn, ihm das Schiff zu überlassen.

Nansen spielte zwar mit dem Gedanken, selber eine Expedition in die Antarktis zu organisieren, aber schließlich entschloss er sich dazu, Amundsen das Schiff zu überlassen. So sprach er die legendären Worte: «Du wirst die *Fram* bekommen.»

Im November 1908 gab Amundsen seine Expeditionspläne bekannt: Er wolle den geographischen Nordpol erreichen und gleichzeitig ein wissenschaftliches Forschungsprojekt über das Polarmeer durchführen.

Aber plötzlich änderte sich alles: Shackleton war von seiner Reise auf der *Nimrod* als Held zurückgekehrt und Scott kündigte eine weitere Südpolexpedition mit der *Terra Nova* an. Fast zeitgleich behaupteten Cook und Peary den Nordpol erreicht zu haben.

Amundsen fasste ein neues Ziel ins Auge: Er ließ seine Pläne im Norden sein und trat mit Scott in den Wettstreit um die Eroberung des Südpols ein. Um Probleme mit der Regierung und seinen Sponsoren zu vermeiden, hielt er dieses Vorhaben zunächst geheim. Die Expedition sollte wie geplant aufbrechen, die Mannschaft sollte erst auf hoher See von dem neuen Ziel erfahren.

Doch vor der Abfahrt geschahen zwei Dinge, die seine Männer Verdacht schöpfen ließen. Eine in ihre Einzelteile zerlegte Hütte wurde in den Lagerraum der *Fram* gebracht, außerdem wurden 30 grönländische Hunde an Bord genommen. Alle fragten sich, wofür sie eine Hütte bräuchten, wenn es

doch der Plan war, die *Fram* im Eis einschließen zu lassen. Und vor allem, was hatte es für einen Sinn Hunde mitzunehmen, wenn sie diese auch erst in der Arktis an Bord nehmen könnten.

Am 7. Juni 1909 lichtete die *Fram* die Anker und beim Zwischenstopp auf Madeira am 9. September versammelte Amundsen die Besatzung an Deck. Theatralisch breitete er eine Karte der Antarktis aus und eröffnete den gespannt wartenden Matrosen: «Da wir sowieso bis ganz in den Süden Amerikas fahren müssen, um das Kap Hoorn zu umschiffen, warum sollen wir dann nicht den Südpol erobern, bevor wir uns um den Nordpol kümmern?»

Einen Monat danach erhielt Scott, der gerade in Melbourne auf der *Terra Nova* die letzten Vorbereitungen für seine Expedition traf, ein knappes Telegramm aus Oslo: «Ich erlaube mir, Sie darüber zu informieren, dass die *Fram* Kurs auf die Antarktis nimmt.» Gezeichnet war es von Amundsen.

DER SÜDPOL

Im Unterschied zum Nordpol, der auf einer zwei bis drei Meter dicken schwimmenden Eisdecke liegt, ist die Antarktis ein mit einem mehr als zwei Kilometer dickem Eispanzer bedeckter Kontinent.

Der geographische Südpol befindet sich auf dem antarktischen Polarplateau in 2.800 Meter Höhe, ein von Winden und Schneestürmen geformter Ort, an dem die tiefsten Temperaturen des Planeten gemessen werden.

Um dorthin zu gelangen, muss man drei Zonen durchqueren: das Ross-Schelfeis, über das man zum transantarktischen Gebirge kommt und zuletzt die antarktische Hochebene: mehr als 1.300 Kilometer Eiswüste, Berge und Gletscher, wo weder Tiere noch Pflanzen existieren.

Ein Problem für alle Expeditionen bestand darin, alles mitnehmen zu müssen, was benötigt wurde: Kleidung, wissenschaftliche Instrumente, Medizin, Brennstoff und Nahrung, sowohl für sich selbst, als auch für die Tiere. Je mehr Last sie ziehen, desto langsamer würden sie voran-

kommen, und desto mehr müssten sie wiederum mitführen, um das Ziel zu erreichen.

Wenn die Vorräte ausgingen, würde das nicht nur das Scheitern der Expedition, sondern den Tod bedeuten.

Es wurden zwei Szenarien entworfen: Man konnte auf dem Weg mehrere Depots mit Lebensmitteln errichten, die den Rückweg absichern, oder Unterstützungsteams einsetzen, die die Leitgruppe vollbeladen mit Essen und Brennstoff begleiten, und stufenweise zurückkehren, wenn die Vorräte zur Neige gehen.

Amundsen setzte auf die Depots, während Scott auf beide Optionen setzte: Er richtete Unterstützungsteams ein, die auf dem Weg zum Pol Lebensmittel und Brennstoff zurückließen.

Und das war nicht der einzige Unterschied der beiden Expeditionen.

Amundsen, der auf der Expedition der *Gjøa* viel Erfahrung mit Schlitten gesammelt hatte, entschloss sich, Hunde und Ski zu verwenden. Scott hingegen nahm drei motorisierte Schlitten (einer versank im Meer, nachdem er im Eis eingebrochen war, die anderen beiden erwiesen sich als unbrauchbar), mandschurische Ponys und Hunde mit. Er wollte sich aber nicht auf Zugtiere als Transportmittel verlassen: In der guten alten britischen Tradition der Polarexpeditionen sollten die Männer die Schlitten selbst über das Eis ziehen.

Und Scott stieß allein der Gedanke, bei der Expedition Tiere zu schlachten, um sie zu essen, ab.

ANTARKTISCHE FAUNA

Die Rossrobbe
(*Ommatophoca Rossi*)

Genauso wie die arktische Möwe verdankt sie ihren Namen dem Forscher James Clark Ross. Sie ist die kleinste ihrer Art, charakterisiert durch ihre großen Augen und den großen Kopf. Sie lebt in den einsamsten und abgelegensten Gegenden der Antarktis auf riesigen schwimmenden Eismassen. Sie ist die bevorzugte Nahrung der Orcas.

Der Adeliepinguin
(*Pygoscelis adeliae*)

Den Frauennamen Adèle bekam dieser Pinguin von Jules Dumont d´Urville, der damit seiner Frau eine Ehre erweisen wollte. Der Adeliepinguin ist groß und ein schneller Schwimmer. Die größte Kolonie lebt auf der Ross-Insel. Er ist sehr sozial, kann aber aggressiv werden, wenn man ihm die Steine für den Nestbau wegzunehmen versucht.

Der Buckelwal
(*Megaptera novaeangliae*)

Den Namen Buckelwal hat er von der Form seines Körpers beim Eintauchen ins Meer. Ein merkwürdiges Kommunikationssystem zeichnet die Buckelwale aus, das aus Sprüngen aus dem Wasser und Schlägen mit seiner Schwanzflosse und seinen Flossen auf die Wasseroberfläche besteht.

Der Schwertwal
(*Orcinus orca*)

Dieser Verwandte der Delfine ist groß und kräftig. Man erkennt ihn an seiner Rückenflosse und der schwarzweißen Färbung seines Körpers. Unter den spanischen Walfängern des 17. Jahrhunderts wurde er als Killerwal bezeichnet, da er in Gruppen jagt und keine natürlichen Feinde hat.

Der Kaiserpinguin
(*Aptenodytes Forsteri*)

Er ist der größte seiner Art. Seine Anpassung an das Eis, auf dem er das ganze Jahr lang lebt, ist unglaublich. Er kann seinen Stoffwechsel, wenn notwendig, verlangsamen. Das Männchen ist seiner Partnerin ein Leben lang treu und für das Ei zuständig, das er zwei Monate hindurch ausbrütet. In dieser Zeit frisst er nicht einmal, sondern wartet, bis das Weibchen mit Nahrung zurückkehrt.

DAS ABENTEUER BEGINNT

Am 4. Jänner 1911 fuhr Scotts Schiff *Terra Nova* in die Meerenge von McMurdo ein und fand einen perfekten Ort, um ein Basislager zu errichten. Sie wählten einen Standort auf der Ross-Insel in der Nähe eines Kaps, das sie zu Ehren ihres zweiten Offiziers Kap Evans nannten. Sogleich begannen sie mit dem Entladen und wenige Wochen später war das Lager bereit.

Die Holzhütte hatte einen Raum für die Offiziere und einen für die Matrosen. Insgesamt 25 Männer konnten den Winter dort verbringen. Ihnen standen ein geräumiger Speisesaal, Kojen und Arbeitsplätze zur Verfügung. An die Hütte wurde später ein Stall und ein Lager angebaut.

Am 14. Jänner erreichte die *Fram* die Bucht der Wale, wo die Norweger ihr Basislager errichteten, das sie Framheim nannten: Sie machten ihre Fertigteilhütte in knapp zehn Tagen bewohnbar.

Rund um dieses Hauptgebäude stellten sie für die Hunde, Vorräte, Fleisch, Kohle und Holz 14 große Zelte auf.

Im Laufe des Winters wurden Nebengebäude wie eine Tischlerei und Werkstätten ins Eis gegraben, sowie ein Tunnelsystem, das diese miteinander verband.

Die norwegische Basis war hundert Kilometer näher am Pol als die britische. Wie sich zeigen sollte, wurde das für die englischen Expeditionsteilnehmer zum Verhängnis.

Unmittelbar nach der Ankunft begannen beide Expeditionen mit den Vorbereitungen für ihre Reise zum Pol.

Am 24. Jänner brachen Scott und seine Männern mit Hunden und Pferden von der Basis auf. Sie hatten zwei Tonnen Vorräte dabei, um auf der Route mehrere Depots zu errichten, das Letzte bei 80° südlicher Breite.

Wenige Tage später brachen die Norweger mit drei von 18 Hunden gezogenen Schlitten Richtung Süden auf. Sie nahmen so viele Vorräte mit, wie sie transportieren konnten.

Amundsen war davon besessen seine Depots so zu markieren, dass man sie sogar bei Sturm oder Schneegestöber leicht finden konnte.

Dafür nahm er lange Bambusstangen mit schwarzen Fähnchen mit, die sie alle fünfzehn Kilometer ins Eis steckten. Jede dieser Fahnen war nummeriert. Wenn man eine fand, wusste man in welcher Entfernung und Richtung sich das nächste Depot befand.

Er markierte auch bei jedem Depot eine von Ost nach West verlaufende, querende Linie aus zwanzig Stöcken im Abstand von einem Kilometer. Diese erstreckten sich zehn Kilometer rechts und links vom Depot und waren ebenfalls mit Nummern und Zeichen zur Bestimmung der Lage versehen.

Um wirklich sicherzugehen, dass die Route perfekt abgesteckt war, hinterließen sie alle fünfhundert Meter einen Ballen getrockneten Fisch.

Im Laufe der folgenden Monate schafften es die Norweger, etwas mehr als drei Tonnen Lebensmittel und Brennstoff in drei Depots zu hinterlegen, die auf 80, 81 und 82° südlicher Breite errichtet wurden.

Die Briten errichteten nur ein großes Depot mit einer Tonne Material auf 79° 29´ südliche Breite, das *One Ton Depot*.

Dann bereiteten sie sich darauf vor, den südlichen Winter zu überstehen.

FRAMHEIM

Die Hütte *Framheim* wurde in Norwegen entworfen und dann in der Bucht der Wale zusammengebaut. Heute gibt es nur mehr einen Nachbau, da durch die Klimaerwärmung zwischen 1957 und 1962 die Eisbarre abbrach und die Originalhütte versank.

Sverre Hassel im Öllager. Das Öl war unverzichtbar, um Licht zu machen und zu kochen.

Adolf Lindstrøm bei meteorologischen Beobachtungen.

Jørgen Stubberud ruht sich aus.

DIE SPEISEKAMMER

Jedes der Reservedepots enthielt 12 Kisten Hundepemmikan, ungefähr 30 Kilo Robbenfilets, 50 Kilo Fett und 20 Tafeln Schokolade. Außerdem 1 Kiste Margarine und 2 Kisten Kekse.

Olav Bjaaland und Jørgen Stubberud verbesserten die Schlitten in der Tischlerei.

Oscar Wisting erfüllte die in ihn gesetzten Erwartungen mehr als zufriedenstellend und nähte Mehlsäcke, Anoraks und Zelte für die Expedition.

Das Lagerzelt wurde durch einen Schneewall geschützt. So konnten die Hunde nicht an die Lebensmittel gelangen.

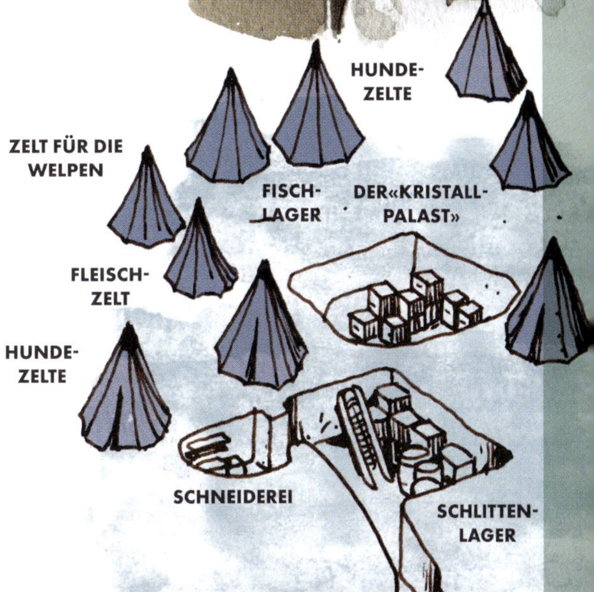
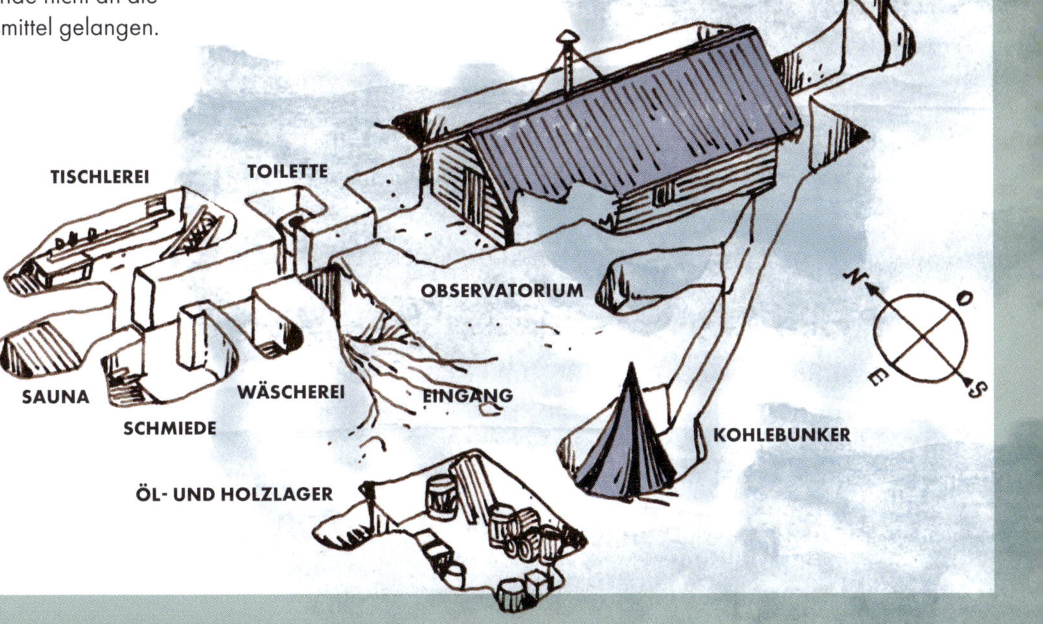

ANORAKS UND SCHLITTEN

Beide Expeditionen nutzten die lange Polarnacht, um den Sturm auf den Pol zu organisieren und Ausrüstung, Instrumente und Material vorzubereiten. Im Fall der Norweger lag das Hauptaugenmerk auf der möglichst großen Reduktion des Gewichts der Schlitten und der Kisten für die Lebensmittel.

Jeder Polarforscher trug einen dicken Mantel und einen leichteren aus Rentierfell sowie Handschuhe, eine Hose und Socken aus dem gleichen Material, einen Umhang zum Schutz vor dem Wind, dazu Unterwäsche und Stiefel aus Robbenfell im Stil der Inuit.

Die Schlafsäcke, die durch eine Zeltplane vor Eis und Nässe geschützt wurden, hatten zwei Futter: ein leichtes inneres aus Kalbsleder und ein dickes äußeres aus Rentierfell.

Außerdem hatten sie auch Brillen mit getönten Gläsern in Lederfassung sowie Skischuhe mit einer Sohle aus Holz und Leder, die jeder an seine Bedürfnisse und seinen Geschmack anpasste.

Die Zelte wurden aus mehreren Schichten leichter Stoffe gefertigt, was Gewicht sparte. Der Zeltboden wurde an die Zeltwände genäht.

Weiters führten sie drei Entfernungsmesser, vier Kompasse, zwei Sextanten, drei künstliche Horizonte, zwei Fernrohre und einen Erste-Hilfe-Koffer mit.

Die Ausrüstung wurde durch Lampen und Primuskocher vervollständigt. Jeder Teilnehmer hatte eine Uhr, Tagebücher, Notizbücher für Beobachtungen und Ersatzriemen für die Ski bei sich.

DUNKLE ZELTE

Die Zelte der Norweger waren dunkelblau. Amundsen entschied sie so zu färben, da sie so die Sonnenwärme absorbierten, beruhigender für die Augen waren, wenn man sich drinnen aufhielt und man sie von Weitem im Schnee besser sah. Er benützte Tinte und Schuhcreme, um sie zu färben. Ein Zelt nähten sie aus rotem Vorhangstoff.

Die Beladung der Schlitten wurde mit maximaler Effizienz organisiert. Das Essen und der Brennstoff wurden in wasserdicht verschlossenen Metallkisten transportiert, die so beschriftet waren, dass man genau wusste, was sie enthielten.

Kiste 1 enthielt 50 Kilo Kekse; Kiste 2, 112 Portionen Hundepemmikan, 11 Beutel Milchpulver, Schokolade und Kekse; Kiste 3 enthielt 124 Portionen Pemmikan und 10 Beutel Milchpulver und Kekse. In Kiste 4 waren 39 Portionen Hundepemmikan und 86 Portionen für die Männer, sowie Milchpulver und Kekse. Und in Kiste 5 waren 96 Portionen Hundepemmikan.

Das Gesamtgewicht der Vorräte betrug 300 Kilogramm auf jedem Schlitten, der zusätzlich noch mit Brennstoff für die Kocher und Lampen beladen wurde und einen Teil der Mannschaft trug, sodass jeder Schlitten an die 400 Kilo wog.

Jeder wurde von 13 Hunden gezogen, die alle einen eigenen Namen hatten: Hai, Uranus, Fuchs, Fridtjof, Camila ... Von den 52 Hunden, mit denen sie loszogen, kamen nur elf zurück.

AUSRÜSTUNG

Hunde. Von den 52 Hunden, die Richtung Südpol loszogen, kamen nur elf lebend zurück.

Der Fotoapparat, den Roald Amundsen auf die Expedition mitnahm.

Jener Schlitten der norwegischen Expedition, der den Südpol erreichte.

Norwegische Fahne

Peitsche

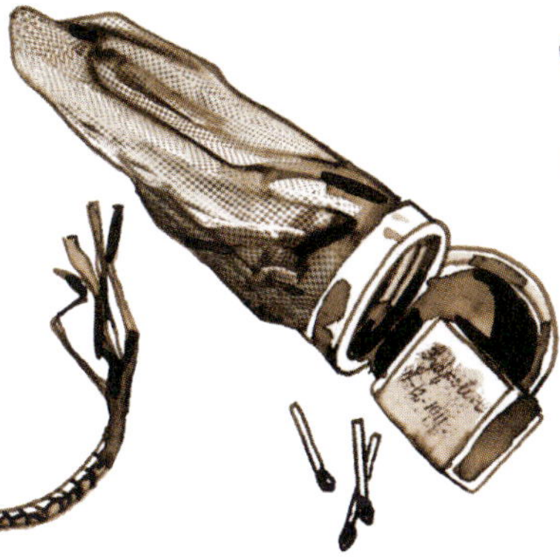

Wasserdichte Hülle
für Streichhölzer

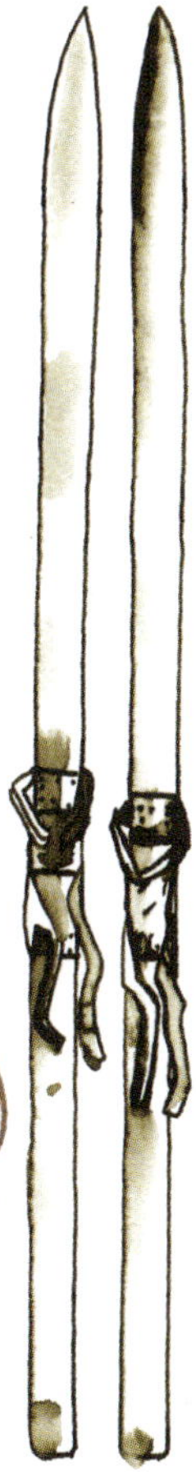

Kleidung aus Robbenfell
und ein wasserdichter
Anorak. Stiefel aus
Robbenleder.

Rad mit Kilometerzähler.
Damit wurde die täglich
zurückgelegte Entfernung
gemessen.

EIN FEHLSTART

Am 8. September 1911 beschloss Amundsen aufzubrechen. Ungeduldig verlegte er das geplante Datum vor, da er fürchtete, dass die Briten sonst einen Vorsprung gewinnen könnten.

Da die Schlitten schon seit Wochen voll beladen auf dem Eis bereitstanden, mussten sie nur noch die Hunde vorspannen, um sich auf den Weg zum Südpol zu machen.

Kaum waren sie losgezogen, gerieten sie in einen heftigen Schneesturm, der die Sicht auf nur wenige Meter beschränkte. Schnee, Eis und ein drastischer Temperatursturz ließen sogar die Flüssigkeit in den Kompassen gefrieren. Die Lage war so extrem, dass sie gezwungen waren Iglus zu bauen, um nicht zu erfrieren. Auch die Hunde litten unter den tiefen Temperaturen. Nachdem sie bei 80° Süd noch ein Vorratsdepot angelegt hatten, beschlossen sie umzukehren.

Mit fast leeren Schlitten und der Gewissheit, nach Hause zurückzukehren, begannen die Hunde einen schnellen und wilden Wettlauf Richtung Norden. Die Stärkeren liefen den anderen davon und entfernten so die Schlitten voneinander.

Kristian Prestud, der weder ein Zelt noch Verpflegung bei sich hatte, fiel mit seinen durch die Anstrengung erschöpften Hunden zurück. Johansen rettete ihn am Rande der Unterkühlung, nachdem er mehr als zwei Stunden inmitten des Sturms auf ihn gewartet hatte. Sie kamen Stunden später als die anderen, um zwei Uhr in der Nacht, in Framheim an.

Als Amundsen am nächsten Morgen eine Erklärung für die Verspätung verlangte, platzte Johansen der Kragen. Er warf ihm vor, sie in Gefahr verlassen zu haben und davongefahren zu sein, um sich selbst zu retten.

Noch am selben Tag, eine Stunde nach dem Mittagessen, schloss Amundsen Johansen von jener Gruppe aus, die den Pol erreichen sollte.

DER WEG DES RUHMS

Am 20. Oktober 1911 setzten sich fünf Männer mit vier von Hunden gezogenen Schlitten wieder Richtung Südpol in Bewegung, immer den Fahnen nach, die ihnen den Weg wiesen.

Nach vier Tagen kamen sie zum ersten Depot auf 80° südliche Breite. Die Hunde zogen so kräftig, dass die Expeditionsteilnehmer sich an den Schlitten festhielten und auf Skiern mitziehen ließen, anstatt daneben herzugehen.

Um zu vermeiden, dass Stürme und Schneegestöber sie von der Route abbringen, beschlossen sie alle fünfzehn Kilometer Markierungen aus Eisblöcken zu setzen. Sie hinterließen mehr als 150 auf ihrem Weg zum Pol.

Am 6. November ließen sie das Depot auf 82° südliche Breite hinter sich. Von diesem Tag an legten sie 35 Kilometer täglich zurück, statt wie bisher 25. Alle drei Tage rückten sie einen Grad vor.

Auf 85° südlicher Breite errichteten sie ein weiteres Vorratslager und nahmen die Berge in Angriff, die ihnen hier den Weg versperrten. Sie befanden sich auf 300 Meter über dem Meer und das Polarplateau lag auf 3.000 Metern. Auf der Suche nach passierbaren Routen zur Überwindung der Berge fanden sie einen Gletscher als Aufstiegsroute, die zur Hochebene hinaufführte. Sie nannten sie zu Ehren eines der größten Sponsoren der Expedition Axel-Heiberg-Gletscher.

Am 21. November beschlossen sie vierundzwanzig Hunde zu töten. Sie glaubten das Polarplateau erreicht zu haben und konnten sie nicht weiter ernähren. Jeder erschoss seine eigenen Hunde. Das Fleisch wurde den anderen Hunden verfüttert und diente auch den Expeditionsteilnehmern als Nahrung, die tagelang Hundefleisch kochten und verspeisten. Sie nannten diesen Ort Schlachthof, «Slagteren» auf Norwegisch. Von hier an setzten sie ihren Weg mit 18 Hunden und drei Schlitten fort.

Die folgenden Tage verbrachten sie in den Zelten, festgehalten durch ein höllisches Wetter. Danach bezwangen sie einen neuen Gletscher, der aus zerklüftetem Eis und voller Hindernisse war. Sie nannten ihn bildlich *Devils Glacier,* Teufelsgletscher.

In einem der wenigen Momente, in denen der Nebel sich lichtete, konnten sie in der Ferne das Gebirge erkennen und vier seiner Gipfel, die sie nach sich selbst benannten: Oscar Wisting, Helmer Hanssen, Olav Bjaaland und Sverre Hassel. Amundsen verzichtete auf die Ehre, einen Gipfel zu benennen.

Erst am 1. Dezember erreichten sie tatsächlich das Polarplateau: Sie befanden sich nun auf 3.000 Meter über dem Meer und nahe 87° südlicher Breite. Nur noch 350 Kilometer trennten sie vom Pol.

Am 8. Dezember kamen sie auf 88°23´ südliche Breite, jenen Punkt, an dem Shackleton und seine Männer umkehren mussten. Dort hissten sie auf einem der Schlitten eine norwegische Fahne aus Seide, die sie dafür mitgenommen hatten. Noch nie zuvor war jemand weiter nach Süden vorgedrungen.

Die folgenden Tage näherten sie sich ihrem Ziel, immer stärker davon überzeugt, dass die Briten noch weit weg und der Südpol zum Greifen nahe sei. Sie kamen überein, ein letztes Depot für den Rückweg anzulegen, und ließen 100 Kilogramm Essen und Ausrüstung zurück, um Gewicht einzusparen.

Am 10. Dezember überschritten sie 89° südliche Breite und am 13. Dezember 89°45´.

Jetzt waren es nur mehr 30 Kilometer bis zum geographischen Südpol.

EINE ZIGARRE AM POL

Am nächsten Tag lagen nur noch acht Kilometer vor ihnen. Helmer Hanssen bildete die Vorhut und zog die erste Spur mit seinen Skiern. Er befahl anzuhalten und trat im Namen der gesamten Expedition die Ehre an Amundsen ab, als erster Mensch den Pol zu betreten.

Um drei Uhr am Nachmittag rief Amundsen: «Halt!» Hier, inmitten dieser unwirtlichen weißen Ebene, die sich über den gesamten Horizont erstreckte, lag er: der Südpol!

Die von der Kälte, der Anstrengung und dem eisigen Wind abgehärteten Männer gaben einander einen kräftigen Händedruck. Dann schlugen fünf Paar Hände mit gealterter und rauer Haut gemeinsam einen Skistock ein und befestigten daran die norwegische Fahne.

Mehr gab es nicht. «Lange dauernde förmliche Zeremonien gewöhnt man sich in diesen Gegenden ab – je kürzer desto besser!», schrieb Amundsen.

Sie errichteten ein kleines Lager und gingen daran im Zelt alles, was sie

FRAM

dabei hatten – Messer, Werkzeuge, eine Bruyère-Pfeife – mit den Worten Südpol und dem Datum zu beschriften. Dann wärmten sie Robbenfleisch und Schokolade.

Danach setzten sie ihre Beobachtungen fort. Den genauen Ort zu bestimmen verlangte stundenlange Berechnungen bei Sonnenschein. Während Amundsen und Hanssen die Positionsbestimmung übernahmen, zogen Wisting, Hassel und Bjaaland mit Skiern in drei Richtungen los, mit dem Ziel, sich jeweils zwanzig Kilometer zu entfernen und so einen Kreis um das Lager zu ziehen. Sie nahmen dreißig Kekse mit.

Wieder zurück im Lager, nach ein paar Stunden Schlaf, holte Bjaaland eine Schachtel Zigarren hervor und sie rauchten gemeinsam. «Eine Zigarre am Pol», rief Amundsen.

Als sie zum Rückmarsch aufbrachen, ließen sie ein kleines Zelt aus dunklem Stoff zurück. An die Zeltstange befestigten sie eine norwegische Fahne und etwas darunter einen Wimpel der *Fram*. Drinnen hinterließen sie ein paar Decken und Werkzeuge, die sie nicht mehr benötigten, einen Brief an König Haakon VII. und einen an Scott, mit den Worten:

> Lieber Major Scott: Da sie voraussichtlich der Erste nach uns sein werden, der hierher kommt, dürfen wir Sie bitten, diesen Brief an König Haakon VII. aufzugeben? Wenn sie die Ausrüstung brauchen können, die wir im Zelt zurückgelassen haben, greifen Sie zu. Ich wünsche Ihnen aufrichtigst eine glückliche Heimkehr. Roald Amundsen.

Bevor sie aufbrachen, nahmen sie ihre Hauben ab und posierten für ein Foto für die Geschichtsbücher: Wisting, Hassel, Hannsen und Amundsen, stramm und feierlich vor dem Zelt. Olav Bjaaland ist nicht abgelichtet, er war es, der sich mit der Kamera einige Schritte entfernte, um den Augenblick festzuhalten.

Dann brachen sie auf und folgten dabei ihren eigenen Spuren Richtung Norden. Ab und zu drehten sie sich um, um in der Ferne im Schnee das dunkle Zelt und die Fahne zu erspähen, die bald hinter ihnen im Nebel verschwanden.

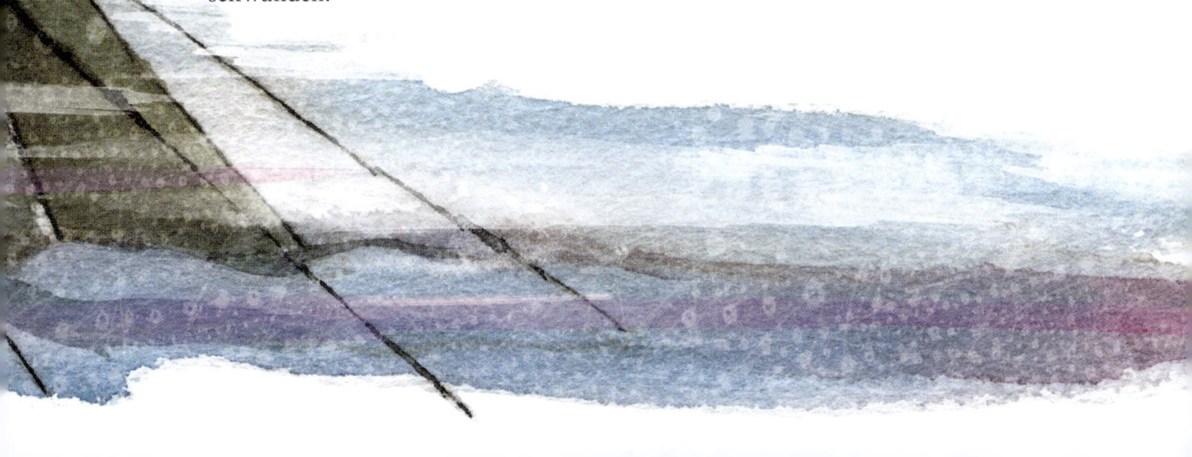

DIE MANNSCHAFT

Allen Mitgliedern der Expedition wurde 1912 die Südpol-Medaille verliehen, eine von König Haakon VII. ersonnene Anerkennung für die Mitglieder der Expedition.

Helmer Hanssen

Hanssen war 41 Jahre, als er den Südpol erreichte. Er hatte Amundsen schon auf der *Gjøa*-Expedition begleitet.

Sverre Hassel

35 Jahre. Er nahm unter der Leitung von Sverdrup an der zweiten Expedition der *Fram* teil.

Oscar Wisting

40 Jahre. Er begleitete Amundsen nach der Südpolexpedition auf seinem Flug mit der *Norge*.

Olav Bjaaland

38 Jahre. Norwegischer Meister im Langlaufen. Nach seiner Rückkehr vom Südpol gründete er eine Skifirma. Er starb 1961.

Fredrik Hjalmar Johansen

Johansen war in seiner Jugend ein bekannter Turner – norwegischer Meister und Weltmeister 1889 – und außerdem ein hervorragender Skiläufer und Hundeführer. Er begleitete Nansen auf der ersten *Fram*-Expedition und erlebte mit ihm das arktische Abenteuer.

Danach wurde er Depressiv und verfiel dem Alkohol. Nansen selbst bat Amundsen, ihn auf die Südpolexpedition mitzunehmen.

Johansen versprach während der Fahrt keinen Alkohol zu trinken und hielt sein Versprechen, was aber nicht verhinderte, dass Amundsen auf ihn und sein Wissen über die Polgebiete neidisch war und in ihm einen Konkurrenten sah.

Nach seinem Ausschluss von der Expedition verfiel er wieder dem Alkohol. Im Jänner 1913 nahm er sich mit 45 Jahren das Leben.

FRAM

DER TOD VON SCOTT

Scott und seine Männer kamen fünfunddreißig Tage später, am 17. Jänner 1912, zum Südpol und fanden das Zelt von Amundsen.

Schon Tage zuvor hatten sie im Schnee Skispuren sowie Spuren von Hunden und Schlitten gesehen, was sie mit der unangenehmen Gewissheit konfrontierte, dass die anderen ihnen zuvorgekommen waren.

Die Engländer waren am 1. November 1911 von ihrem Basislager aufgebrochen, mit Motorschlitten, Pferden und Hunden. Sie folgten der von Shackleton entworfenen Route und gelangten am 5. Dezember zum Beardmore-Gletscher. Am 4. Jänner, bereits auf dem antarktischen Plateau, befahl Scott der letzten Unterstützungsgruppe, die sie begleitete, umzukehren.

Gemeinsam mit Scott gingen nur Leutnant Bowers, der Arzt Wilson, der Marineunteroffizier Evans und der Hauptmann Oates weiter, wobei sie nach britischem Brauch ihre Schlitten selbst zogen. Am Südpol fotografierten sie sich mit der Fahne, die ihnen Queen Mum mitgegeben hatte. Ihre zerfurchten Gesichter zeigten tiefe Spuren der Kälte und Anstrengung.

Am 19. Jänner brachen sie zum Rückmarsch auf.

Geschlagen von der Enttäuschung und der Niederlage, war ihr Rückweg von allen Arten der Mühsal und Fehlentscheidungen gezeichnet und sie wurden von ständig andauerndem Pech verfolgt. Die Tragödie nahm ihren Lauf. Neben Stürmen und Schneetreiben herrschte extreme Kälte, die für diese Jahreszeit unüblich war. Die Temperaturen fielen unter minus 40 Grad und das gesamte Team erfror bitterlich.

Evans erwischte es am 17. Februar als Ersten. Ein Schnitt in der Hand hatte sich entzündet und bei einem Sturz in eine Gletscherspalte zog er sich Kopfverletzungen zu, von denen er sich nicht mehr erholte. Er litt unter Dehydrierung, schweren Erfrierungen der Nase und einige Finger waren abgefroren.

we shall stick it
to the end but
are getting weaker
course and the end
cannot be far
It seems a pity
I do not think I
write more —
R Scott
Last entry
For Gods sake
after our people

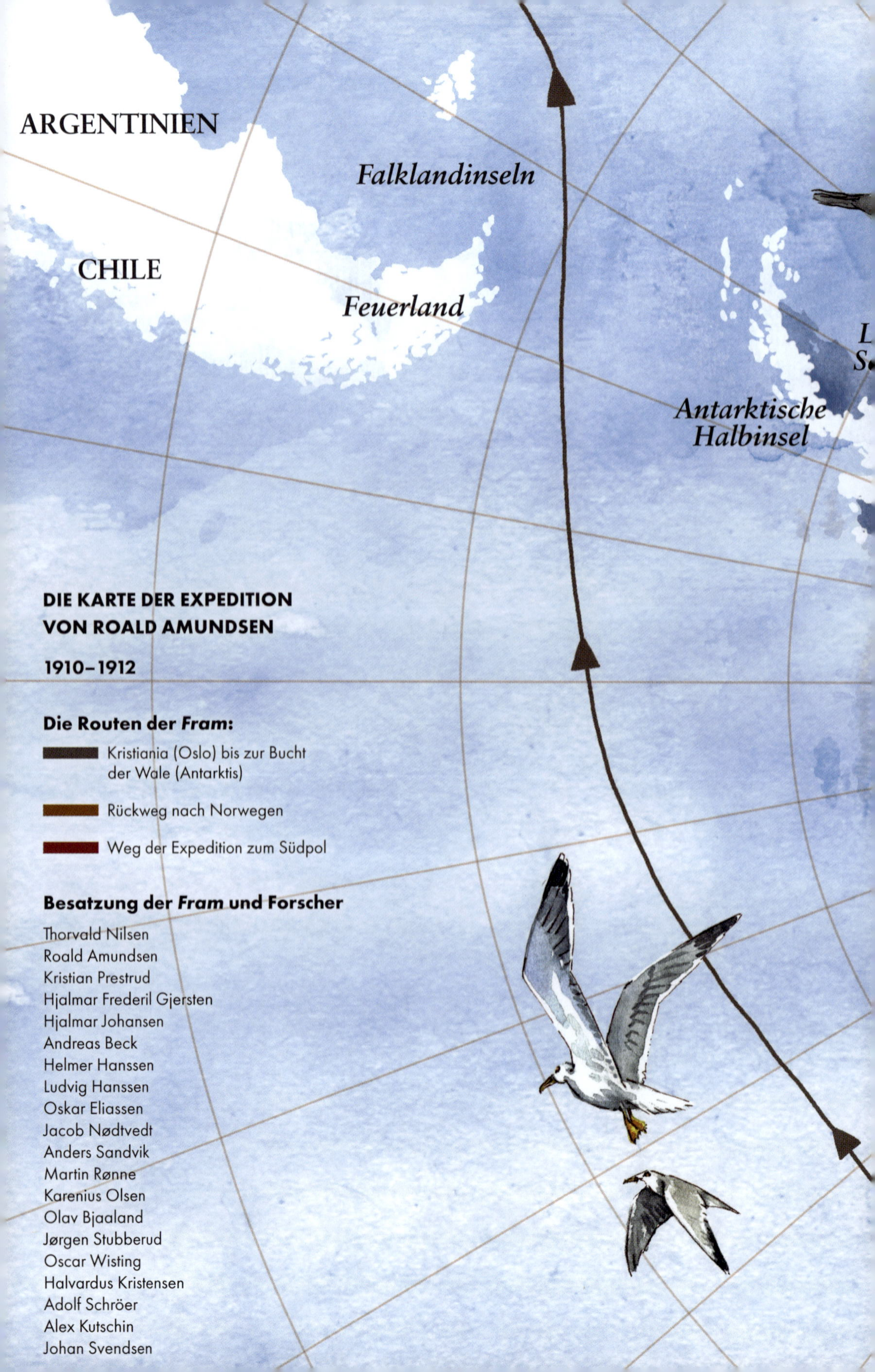
ARGENTINIEN
Falklandinseln
CHILE
Feuerland
Antarktische Halbinsel
DIE KARTE DER EXPEDITION
VON ROALD AMUNDSEN
1910–1912
Die Routen der Fram:
Kristiania (Oslo) bis zur Bucht der Wale (Antarktis)
Rückweg nach Norwegen
Weg der Expedition zum Südpol
Besatzung der Fram und Forscher
Thorvald Nilsen
Roald Amundsen
Kristian Prestrud
Hjalmar Frederil Gjersten
Hjalmar Johansen
Andreas Beck
Helmer Hanssen
Ludvig Hanssen
Oskar Eliassen
Jacob Nødtvedt
Anders Sandvik
Martin Rønne
Karenius Olsen
Olav Bjaaland
Jørgen Stubberud
Oscar Wisting
Halvardus Kristensen
Adolf Schröer
Alex Kutschin
Johan Svendsen

Haakon-VII.-See
Enderby-
land
Weddell-
Meer
arsen-
:helfeis
Königin-Maud-
Land
Palmer-
land
Filchner-
Ronne-
Schelfeis
ANTARKTIS
Ellsworth-
land
König Haakon
VII.-Land
SÜDPOL
Transantarktisches
Gebirge
König Eduard
VII.-Land
Ross-
Schelfeis
Victoria-
land
Framheim
Bucht der
Wale
Georg V.-Küste
Rossmeer

Er blieb einen Moment zurück, um sich die Schuhe neu zu binden. Als die anderen wenige Minuten später zurückkamen, um ihn zu holen, fanden sie ihn bereits bewusstlos auf den Knien. Die Hände ohne Handschuhe waren bereits abgefroren. Er starb noch in derselben Nacht, ohne noch einmal zu Bewusstsein gekommen zu sein.

Oates folgte ihm am 16. März. Ein Fuß war komplett abgestorben und eine alte Kriegsverletzung hatte sich wieder geöffnet. Er war sich bewusst, dass er seine Kameraden aufhielt und damit ihre Überlebenschancen minderte. Daher verließ er mitten in einem Schneesturm ohne Mantel das Zelt und suchte den Tod. Seine letzten Worte waren: «Ich will einmal hinausgehen und bleibe vielleicht eine Weile draußen.»

Bowers, Wilson und Scott waren entkräftet und litten unter schweren Anzeichen von Unterernährung, Skorbut, Erfrierungen und Schneeblindheit. Sie bauten am 19. März ihr letztes Lager auf dem Ross-Schelfeis, nachdem sie alles, was sie nicht mehr brauchten, hinter sich gelassen hatten.

Wenige Tage später starben sie ohne Nahrung und Wasser mitten in einem heftigen Schneesturm. Scott schrieb Abschiedsbriefe an die Familien seiner toten Kameraden und an seine eigenen Verwandten sowie eine emotionale Botschaft an seine Landsleute, die er mit den Worten schloss: «Blieben wir am Leben – ich hätte viel zu erzählen von Unerschrockenheit, Ausdauer und Heldenmut meiner Kameraden, was das Herz jedes Engländers tief bewegen würde. Statt meiner müssen diese kurzen Aufzeichnungen und unsere Leichen sprechen.»

Acht Monate später, am 12. November 1912, fand ein Suchtrupp ihre sterblichen Überreste. Wilson und Bowers lagen zusammengekauert in ihren Schlafsäcken, Scott ausgestreckt in seinem. Sie nahmen die Tagebücher und Briefe mit und dazu vierzehn Kilo geologische Proben, Mineralien und Fossilien, die die Expeditionsteilnehmer trotz ihrer Lage bis zum Schluss mitführten. Sie ließen das Zelt auf die drei Körper niedersinken und errichteten einen Hügel aus Eisblöcken darüber, den sie mit einem Kreuz aus Skiern krönten.

Sie waren weniger als zwanzig Kilometer vom *One Ton Depot* entfernt, das ihnen wahrscheinlich das Leben gerettet hätte.

Die Leichname von Oates und Evans wurden nie gefunden.

Weg zum Südpol
(8. September – 25. Jänner 1911)

Forscher

Roald Amundsen
Helmer Hanssen
Sverre Hassel
Olav Bjaaland
Oscar Wisting
Hjalmar Johansen

Ausrüstung

4 Schlitten mit je 13 Hunden (52 Hunde brachen am 8. September auf, am 25. Jänner kehrten 11 zurück).

Temperaturen

23. Oktober -24°
30. November -34,5°
2. November -24,5°
20. November -20°
25 November -27°
1. Dezember -21°
7. Dezember -18°
9. Dezember -28°
14. Dezember -30°

Kemp-
land
Mac Robertson
Küste
Prinzessin-
Elisabeth-Land
Davissee
Königin-Mary-
Küste
Wilkesland
D'Urville See
8 Dez.
Königin-Maud-
Gebirgszug
29. Nov.
König Eduard
VII.-Land

DIE ANKUNFT DER HELDEN

Am 7. März 1912 erreichte die *Fram* den Hafen von Hobart in Australien. Von dort schickte Amundsen Telegramme an Nansen und an König Haakon sowie eine lange Schilderung der Expedition an die *Daily Chronicle*, jene Tageszeitung, an die er die Exklusivrechte verkauft hatte.

Sobald die Nachricht über seine Heldentaten bekannt wurde, füllten Amundsen und seine Männer die Titelseiten der Zeitungen in aller Welt unter großen Schlagzeilen, die die Eroberung von einem der letzten unerforschten Orte der Erde feierten.

Alle lobten einmütig die herausragende Leistung der Norweger und wie schon zuvor bei der Grönlandexpedition von Nansen die fehlerfreie Planung, durch die alles scheinbar problemlos gelang.

Amundsen wurde zu einer der bekanntesten Personen seiner Zeit und aus aller Welt erreichten ihn Glückwunschtelegramme, Einladungen und Ehrungen. Die Etappe der Kälte und der Entbehrungen wich Festmählern, Ehrungen und Empfängen, die in diesem und den folgenden Jahren zu einem Teil seines Alltags wurden.

Er begab sich auch auf eine lange Vortragsreise durch Australien und Neuseeland, während sein Bruder León einen ertragreichen Vertrag für die Rechte an seinem Buch über die Expedition aushandelte, an dem er sofort zu schreiben begann.

Bei seiner Ankunft in Oslo am 9. Oktober bereitete ihm die Geographische Gesellschaft Norwegens einen Empfang, wo er wie ein Held bejubelt wurde. Dann reiste er durch Schweden, Dänemark, Deutschland, Belgien, Frankreich – in Paris wurde er in die Ehrenlegion aufgenommen – und England, wo man den Argwohn, den die Nachricht vom Wettlauf zum Südpol zwischen Amundsen und Scott hervorgerufen hatte, vergessen zu haben schien.

POLE FINDERS MEET ON SAME PLATFORM
Shackleton Follows with Deep Interest Amundsen's Story of His Dash to the South.
PRAISES HIM TO AUDIENCE
Norwegian's Lantern Slides Include One of His Steam Bath at the Ross Barrier.

SYDNEY

Es gab jedoch einen Vorfall, den Amundsen den Engländern nie verzeihen konnte. Nach einem Empfang bei der Royal Geographical Society in London, wo er ausgiebigen Applaus erhielt, rief der Präsident der Organisation, Lord Curzon, zu einem dreifachen Hoch auf die Schlittenhunde auf. Amundsen fühlte sich der Lächerlichkeit preisgegeben und schwer beleidigt. Er wird diesen Affront nie vergessen.

Damals wusste noch niemand, dass Scott und seine Kameraden umgekommen waren, und niemand konnte sich vorstellen, dass die Expedition der *Terra Nova* so tragisch geendet hatte. Wenige Monate später erschien Amundsens Buch *Sydpolen* – zwei Bände von jeweils mehr als 400 Seiten –, das sofort auf Dänisch, Deutsch, Englisch und in weitere Sprachen übersetzt wurde. Es verkaufte sich tausendfach. Nur der Selbstmord von Johansen überschattete diese Tage des Ruhms. Die Nachricht überraschte Amundsen in London durch ein Telegramm seines Bruders. Am 3. Jänner hatte Johansen das Hotel, in dem er untergebracht war, verlassen und wenige Stunden später wurde sein Leichnam in einem nahegelegenen Park aufgefunden. Er hatte sich in den Kopf geschossen. Nansen verzieh Amundsen den Tod seines Freundes nie. «Er war ein aufrichtiger Mann und eine treue Seele», schrieb er in einem Nachruf.

Am 18. Jänner 1913 kehrte die *Terra Nova* in den McMurdo-Sund zurück, um die Briten abzuholen. Sie war mit Fahnen und Wimpeln geschmückt, die sofort eingeholt wurden, als man vom tragischen Ende von Scott und seinen Männern erfuhr. Am 10. Februar erreichte sie Neuseeland, von wo die ersten Telegramme mit der traurigen Nachricht in die Welt gingen, die sich explosionsartig verbreitete.

Die Gesellschaft war vom heldenhaften Tod von Scott und seinen Kameraden erschüttert, vor allem, nachdem der Inhalt seiner Tagebücher, die die letzten Tage schilderten, bekannt wurde. Der Heldenmut, die Kameradschaft und die Beharrlichkeit, mit der diese Männer sich ihrem unausweichlichen Schicksal entgegengestellt hatten, weckten die Bewunderung, nicht nur der britischen Gesellschaft, wo sie zu einem echten Mythos und zu Nationalhelden wurden, sondern auf der ganzen Welt.

Amundsen, der gerade durch die USA reiste, schickte Beileidstelegramme an die Ehefrauen von Scott, Wilson und des Adjutanen von Scott, Leutnant Edgar Evans. Auch er war von Scotts Tod erschüttert: «Ich würde auf alle Ehren verzichten», erklärte er, «wenn ich ihn damit vor seinem schrecklichen Ende bewahren könnte.»

Der Tod der Briten trübte die Heldentaten der Norweger keineswegs, im Gegenteil, er ließ sie größer erscheinen. Sogar jene, die in Amundsen einen Geschäftemacher und bloßen Abenteurer sahen, begannen die Verdienste seiner Expedition, seine Entschlossenheit und seine Verwegenheit öffentlich anzuerkennen.

EIN GRAB UNTER EINER BIRKE

Anfang 1914 präsentierte Ernest Shackleton Pläne für ein neues Projekt: Die Imperial Trans-Antarctic-Expedition. Er wollte die gesamte Antarktis vom Weddellmeer bis zum Rossmeer durchqueren und dabei den geographischen Südpol überschreiten.

An Bord der *Endurance* steuerte er Südgeorgien und den Eisgürtel an, in dem er im Jänner 1915 eingeschlossen wurde. Nachdem das Schiff monatelang der Drift und dem Druck des Eises ausgesetzt war, sank die *Endurance* im Oktober. Shackleton und seine Männer durchlebten eines der bewundernswertesten Abenteuer aller Polarexpeditionen. Sie durchquerten tausende Kilometer der Eiswüste in Kanus, Rettungsbooten sowie zu Fuß und kehrten dabei alle gesund zurück.

Nach der *Endurance*-Expedition stürzte sich Shackleton in ein neues Abenteuer, doch auf dem Weg in die Antarktis erlag er in Südgeorgien einem Herzinfarkt. Zu seinen Ehren wurden ein Mondkrater und der Asteroid 289.586 nach ihm benannt.

Nansen wurde unterdessen zum Botschafter in London ernannt. Norwegen hatte 1905 seine Unabhängigkeit von Schweden erklärt und die Regierung entschloss sich, in London seinen Ruhm zu nützen, um den neuen Staat vor den internationalen Institutionen zu repräsentieren.

Nach dem Ersten Weltkrieg mit seiner tragischen Bilanz an Millionen Toten, Verwundeten und Vertriebenen, ernannte ihn der neu gegründete Völkerbund zum Hochkommissar für Kriegsgefangene.

Nansen organisierte die Repatriierung von fast einer halben Million Gefangenen aus mehr als zwanzig Ländern und wurde zum Schöpfer des Nansen-Passes, der Staatenlosen und Flüchtlingen, die keinen Pass ihres Ursprungslandes hatten, ein Dokument und damit einen legalen Status gab. Es wurden hunderttausende dieser Pässe ausgegeben, die vielen Menschen das Leben retteten, darunter bekannten Schriftstellern und Künstler wie Nabokov, Chagall, Robert Capa oder Strawinsky, die dank des Nansen-Passes die europäischen Grenzen überschreiten konnten. Nansen arbeitete auch für das Rote Kreuz und bemüht sich den grausamen Hunger, der in großen Teilen von Russland wütete, zu bekämpfen.

Für dieses Engagement erhielt er 1922 den Friedensnobelpreis. Das Preisgeld spendete er, um in Not geratene Flüchtlinge zu unterstützen.

Anfang 1930, mit 68 Jahren, zwangen ihn Herzprobleme zu etwas mehr als zwei Monaten Bettruhe. Im März kam er wieder auf die Beine, war aber noch rekonvaleszent. Er unternahm kleine Spaziergänge im Garten seines Hauses in Polhøgda in der Nähe von Oslo.

Am 13. März stand er munter auf und ging auf die Veranda, um einen Artikel zu schreiben, der ihm aufgetragen wurde. Man brachte ihm eine Tasse Tee. Eine Minute später fiel sein Kopf langsam nach vorne, bis sein Kinn leicht die Brust berührte: Er verstarb an einem Herzinfarkt.

Auf dem kleinen Tisch verblieben der noch dampfende Tee und jener Text, den er nicht mehr abschließen konnte. Die letzten Worte, die er mit kräftigen und kantigen Buchstaben geschrieben hatte, lauteten: «Weiter noch, weiter ... Richtung Norden».

Die Asche von Nansen liegt unter einem schlichten Stein in seinem Garten im Schatten einer Birke begraben, die im Frühling ergrünt und deren Blätter sich an den langen frischen Polartagen im Wind wiegen, der schneidig vom Fjord her weht.

Sein Arbeitszimmer im Turm verblieb so, wie er es zurückgelassen hat: Bücher und Mineralien, eine Harpune, ein altes Gewehr, ein Thermometer, Fläschchen und Tiegel für Proben, ein Stempel mit seiner Unterschrift, eine Schreibmaschine und Erinnerungsstücke der Polfahrten: Brillen, Messer, Schnitzereien der Inuit, Patronen, Knochen, Zeichnungen, Fotos ... Und dort auf dem Tisch das alte Mikroskop, das er mit seinem eigenen Geld für die Universität gekauft hatte.

Und am Boden, groß, furchteinflößend, mit spitzen, mit der Zeit etwas ausgebleichten Krallen, liegt ein riesiger Teppich aus Eisbärenfell.

***

1963 wurde auf der Halbinsel Bygdøy in Oslo das *Fram*-Museum der Öffentlichkeit zugänglich gemacht, wo hunderte Erinnerungsstücke der Polarexpeditionen gezeigt werden. Dort befindet sich auch die *Fram*, welche auch von innen besichtigt werden kann. Seit 2009 ist dort auch die *Gjøa* zu sehen.

Im nahe von Oslo gelegenem Dorf Uranienborg befindet sich das mittlerweile zu einem Museum umgestaltete Haus von Amundsen. Das Haus von Nansen in Polhøgda beherbergt heute das Nansen Institute, das sich dem Schutz und der Erforschung der Polarregionen widmet.

Dort standen wir 2018 vor seinem Grab, Diego Moreno, Agustín Comotto, Andrés und Jesús Marchamalo, Tono Cristòfol und Ola Just Haugbo. Jeder nahm sich zur Erinnerung ein Blatt jener Birke mit, unter der Nansen begraben liegt.

Bibliographie

Alexander, Caroline, *Die Endurance*, Berlin, 2001.

Amundsen, Roald, *Die Eroberung des Südpols*, München, 1912.

Amundsen, Roald, *Der erste Flug über das Polarmeer*, Leipzig, 1927.

Cacho, Javier, *Nansen, maestro de la exploración polar*, Fórcola 2017.

Cacho, Javier, *Amundsen-Scott: duelo en la Antárdida*, Fórcola 2017.

Fleming, Fergus, *90 Grad Nord*, München, 2003.

Imbert, Bertrand, *Die Pole. Expedition ins ewige Eis*, Ravensburg, 1990.

Nansen, Fridtjof, *Auf Schneeschuhen durch Grünland*, Leipzig, 1890.

Nansen, Fridtjof, *In Nacht und Eis*, Leipzig, 1997.

Thomazi, Auguste, *Las expediciones polares*, Salvat, 1953.

Jesús Marchamalo (Madrid, 1960)

Schriftsteller und Journalist, hat einen großen Teil seiner Laufbahn bei *Radio Nacional de España* und *Televisión Española* gearbeitet. Er ist Autor von mehr als zehn Büchern und Comics und wurde mit zahlreichen Preisen ausgezeichnet.

Agustín Comotto (Buenos Aires, 1968)

Comotto lernte das Handwerk des Comicszeichners bei Alberto Breccia und Leopoldo Durañona. Zahlreiche Veröffentlichungen. Seine erste Graphic Novel, *Simón Radowitzky. Vom Schtetl zum Freiheitskämpfer*, erschien in deutscher Übersetzung 2019 bei bahoe books. Comotto lebt in Cobrera de Llobregat, nahe Barcelona.

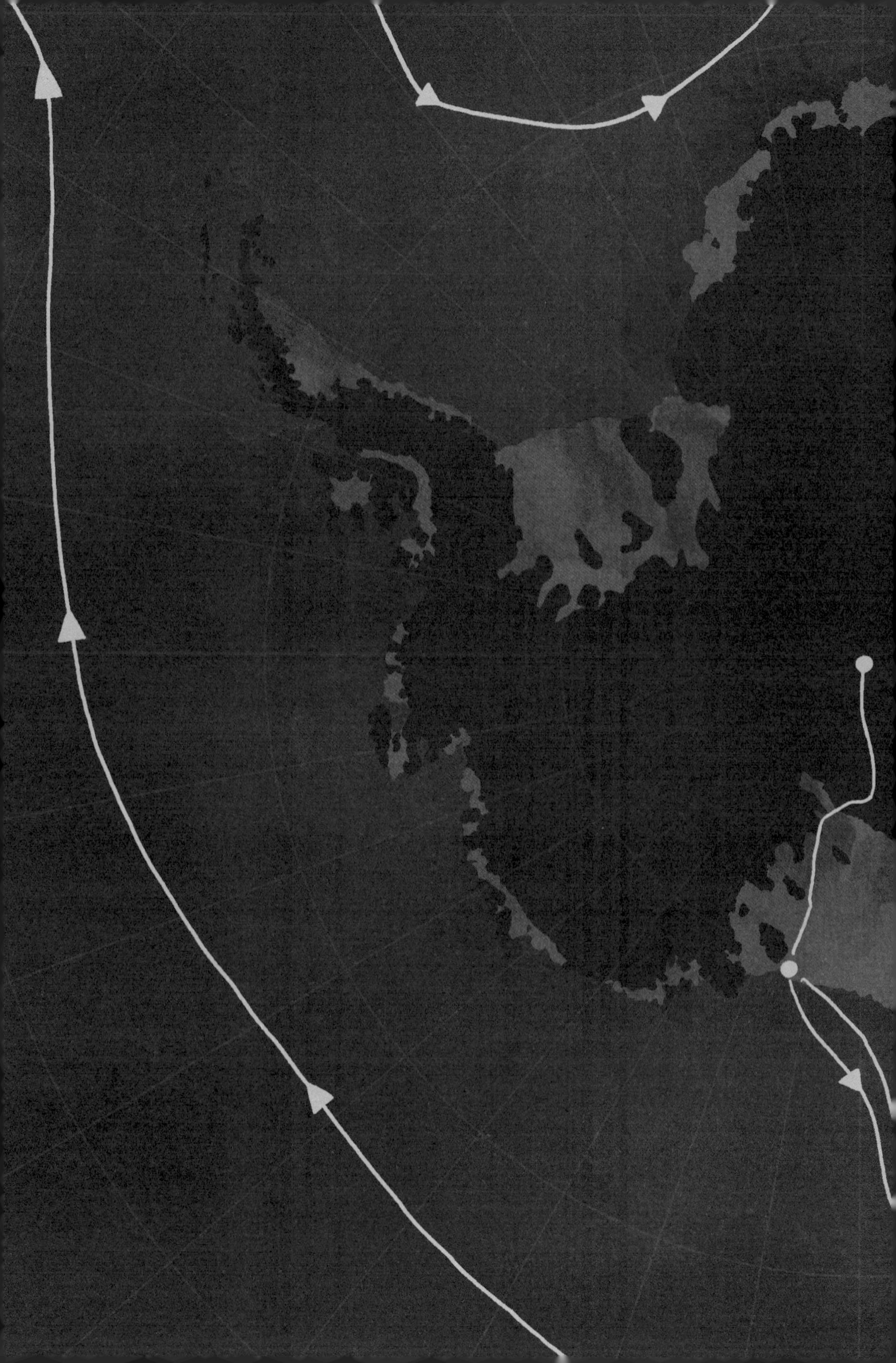